新家庭人口结构下
长期护理保险的国际经验

孙 伟 著

中国财经出版传媒集团
中国财政经济出版社

图书在版编目（CIP）数据

新家庭人口结构下长期护理保险的国际经验 / 孙伟著. --北京：中国财政经济出版社，2023.5

ISBN 978-7-5223-2055-7

Ⅰ.①新… Ⅱ.①孙… Ⅲ.①护理-保险制度-研究-中国 Ⅳ.①F842.625

中国国家版本馆 CIP 数据核字（2023）第 041801 号

责任编辑：孙 琛　　责任校对：胡永立

封面设计：陈宇琰　　责任印制：党 辉

新家庭人口结构下长期护理保险的国际经验

XINJIATING RENKOU JIEGOU XIA CHANGQI HULI BAOXIAN DE GUOJI JINGYAN

中国财政经济出版社 出版

URL：http://www.cfeph.cn

E-mail：cfeph@cfeph.cn

社址：北京市海淀区阜成路甲 28 号 邮政编码：100142

营销中心电话：010-88191522

天猫网店：中国财政经济出版社旗舰店

网址：https://zgczjjcbs.tmall.com

北京财经印刷厂印装 各地新华书店经销

成品尺寸：170mm×240mm 16 开 14 印张 188 000 字

2023 年 5 月第 1 版 2023 年 5 月北京第 1 次印刷

定价：65.00 元

ISBN 978-7-5223-2055-7

（图书出现印装问题，本社负责调换，电话：010-88190548）

本社质量投诉电话：010-88190744

打击盗版举报热线：010-88191661 QQ：2242791300

目录

CONTENTS

第一章　绪论 …… 1

第二章　长期护理简介 …… 8

第一节　长期护理服务 …… 8

第二节　长期护理服务的费用与支付 …… 12

第三节　长期护理保险 …… 18

第三章　长期护理服务的需求 …… 22

第一节　引言 …… 22

第二节　相关文献综述 …… 25

第三节　数据 …… 29

第四节　模型 …… 42

第五节　结果 …… 51

第六节　结论 …… 62

第四章　长期护理保险的需求 …… 64

第一节　引言 …… 64

第二节 相关文献综述 …… 67
第三节 简单模型 …… 70
第四节 结构模型 …… 82
第五节 反事实政策实验 …… 104
第六节 结论 …… 110

第五章 长期护理保险的供给 …… 112

第一节 引言 …… 112
第二节 相关文献综述 …… 115
第三节 弃保的行业数据与福利损失 …… 119
第四节 实证模型 …… 125
第五节 数据与实证结果 …… 129
第六节 结论 …… 138

第六章 涉及长期护理保险的公共政策 …… 140

第一节 引言 …… 140
第二节 相关政策背景与文献综述 …… 142
第三节 动态优化模型 …… 145
第四节 数值模拟结果 …… 148
第五节 结论 …… 163

第七章 长期护理保险的创新 …… 165

第一节 引言 …… 165
第二节 动态优化模型 …… 167
第三节 数值模拟结果 …… 169
第四节 结论 …… 176

第八章　长期护理保险的扩展研究 …… 177

第一节　引言 …… 177

第二节　相关政策背景 …… 179

第三节　动态优化模型 …… 181

第四节　数值模拟结果 …… 189

第五节　结论 …… 204

参考文献 …… 206

第一章

绪　论

随着预期寿命的延长和老龄化程度的加深，我国老人对长期护理服务日益增长的需求吸引了公众越来越多的注意力①。家庭保障是我国老人获得长期护理服务的传统方式，即成年子女免费为老年父母提供绝大部分的非正式长期护理服务。但是，计划生育政策所引起的家庭人口结构的改变导致独生子女一代成年子女的护理负担迅速增加，促使老年父母将长期护理服务需求向家庭外部转移，而这通常会给整个家庭带来沉重的经济负担。

为减轻老年家庭的经济负担，中央自 2016 年起开始试点长期护理保险制度。2016 年，人力资源和社会保障部发布《关于开展长期护理保险制度试点的指导意见》，选择了 15 个城市和 2 个重点联系省份开展政策性长期护理保险试点（后文简称“社保长护险”）。此险种也被视为除养老、医疗、生育、工伤、失业保险之外的社保“第六险”。2020 年，国家医疗保障局会同财政部印发《关于扩大长期护理保险制度试点的指导意见》，在首批试点的基础上进一步新增 14 个长期护理保险试点

① 2022 年 9 月 7 日召开的国家卫生健康委员会的新闻发布会披露，我国人均预期寿命已经增长至 78.2 岁。2022 年 9 月 20 日召开的国家卫生健康委员会的新闻发布会披露，截至 2021 年年底，全国 60 岁及以上老年人口已经达到 2.67 亿人，占总人口的 18.9%。另据测算，至 2035 年左右，全国 60 岁及以上老年人口将突破 4 亿人，占总人口的比例将超过 30%。

城市，将试点城市的总量扩大至49个。截至2022年3月底，根据国家医疗保障局官网的信息，社保长护险已经覆盖1.45亿人口，累计为172万名需要长期护理服务的老人支付了部分或全部长期护理服务费用，人均报销金额近1.6万元①。

引入社保长护险降低了参保家庭的经济压力和护理负担，提升了需要长期护理服务的老人的生活质量，提高了参保家庭的福利。但是，从全国范围来看，现阶段社保长护险的覆盖范围和保障程度仍然较为有限，集中体现为社保长护险对长期护理服务费用的支付占比极低。中国保险行业协会和瑞士再保险研究院（2022，后文简称“中瑞”）指出，社保长护险目前仅支付了城镇老人长期护理服务费用的大约3%，剩余费用均须老人自费支付。这导致老人的长期护理服务需求与其可用于支付长期护理服务费用的资金之间存在巨大差距。中瑞（2022）估计，2021年我国城镇地区老人的长期护理服务资金缺口约为9 217亿元。并且，随着老人对长期护理服务需求的持续快速增长，资金缺口亦将快速增加。到2030年和2040年，我国老人对长期护理服务的需求将分别达到3.1万亿元和6.6万亿元，而资金缺口将分别达到1.9万亿元和3.8万亿元。

完全依靠社保长护险来弥补如此巨大的资金缺口势必会给基本医疗保险统筹基金，乃至国家财政带来巨大压力。因此，更可行的办法是构建多层次的长期护理服务支付体系，利用商业长期护理保险对社保长护险进行补充。这既有助于减轻社保长护险的资金负担，同时也有利于满足中、高收入老人对更高质量长期护理服务的需求。基于此，2022年2月国务院印发《国家老龄事业发展和养老服务体系规划》，指出要“引导商业保险机构加快研究开发适合居家护理、社区护理、机构护理等多样化护理需求的产品”。党的二十大报告也首次明确提出，要“建立长期护理保险制度，积极发展商业医疗保险”。

① http：//www.nhsa.gov.cn/art/2022/7/20/art_110_8612.html。

为有效发挥商业长期护理保险对社保长护险的补充作用，充分理解不同类型老人对商业长期护理保险的差异化需求，厘清商业长期护理保险和社保长护险之间的关系就显得尤为重要，而借鉴处境相近，但发展商业长期护理保险时间较长国家的经验则有助于构建更完善的长期护理服务支付体系，避免已经出现的问题，起到事半功倍的效果。

美国的情况与我国非常相似。随着婴儿潮一代（baby boomers）开始退休，美国 65 岁及以上人口数量快速增加，预计在未来的数十年中，美国老人对长期护理服务的需求也将会呈现快速上升的趋势。美国老人高度依赖商业化的正式长期护理服务，例如第三章发现 44% 的男性老人和 58% 的女性老人都会在死亡前利用护理院服务（最昂贵的长期护理服务类型，详见第二章）。此时，老人每年须支付的长期护理服务费用超过 10 万美元，数倍于退休老人平均的养老金收入，因此，长期护理服务费用亦对美国老年家庭构成重大财务风险。

尽管如此，商业长期护理保险在美国的发展却并不顺利。依照传统的经济学理论，厌恶风险的理性消费者都应该购买保险来防范未来不确定的重大医疗支出，尤其是可能导致灾难性经济后果的长尾风险，以达到最大化预期终生效用的目标。但是，Health and Retirement Study（HRS）的数据显示，自 1996 年起大约只有 10% 的老人会购买商业长期护理保险，如图 1－1 所示。

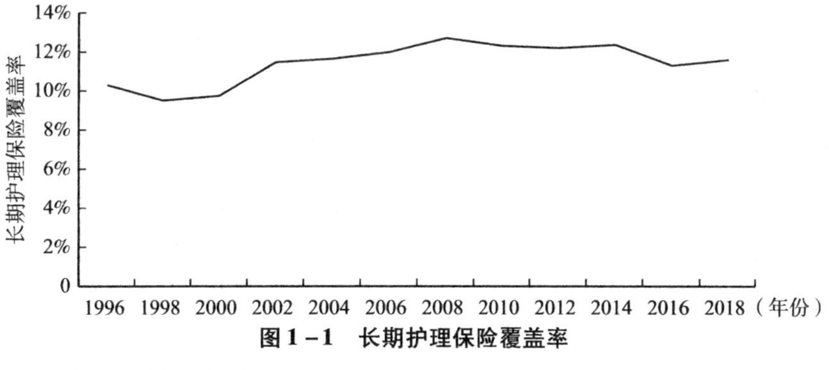

图 1－1 长期护理保险覆盖率

注：计算中使用了个人权重。
资料来源：作者利用 HRS 数据计算。

另外，由于美国商业长期护理保险的保费不随性别变化，而女性老人使用长期护理服务的概率以及利用长期护理服务的时间都远高于男性老人，因此长期护理保险对女性老人的性价比明显更高。但是，如图1-2所示，女性老人购买长期护理保险的比例并没有显著高于男性老人。这说明除商业长期护理保险的供给侧原因外，还有其他需求侧因素在影响美国老人的长期护理保险购买决策。

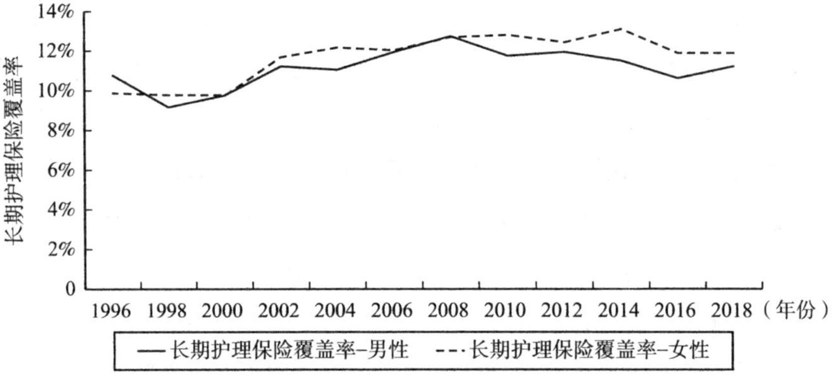

图1-2　按性别分类的长期护理保险覆盖率

注：计算中使用了个人权重。
资料来源：作者利用HRS数据计算。

有限的商业长期护理保险覆盖率也显著影响了公共医疗支出。Congressional Research Service（2022）发现，商业长期护理保险仅支付了总长期护理服务费用的7.8%，而针对老年人口的公共健康保险项目Medicare和针对贫困人口的公共健康保险项目Medicaid则合计支付了超过六成的长期护理服务费用。为降低公共医疗支出，美国联邦和州政府均制定了多种公共政策来鼓励老人购买商业长期护理保险，效果却并不令人满意。

综上所述，美国发展商业长期护理保险的经验对我国具有非常高的参考价值。本书通过总结作者在攻读博士和工作期间进行的研究，探讨了商业长期护理保险在美国发展的现状及面临的问题、商业长期护理保险与公共健康保险的关系，以及各种与长期护理保险相关的公共政策的政策效果，希望本书内容可以对我国未来长期护理服务支付体系的发展和完善提供一定的参考。

本书剩余内容分为七章，分别安排如下：第二章介绍了长期护理服务的定义、类型、质量、收费以及最重要的支付体系，包括利用各种公共或私人方式支付长期护理服务的优势和限制。本章还简述了典型商业长期护理保险的条款。

第三章估计了老人需要各种类型长期护理服务的概率。现阶段业界、政府和学术界普遍应用 Robinson（1996，2002）估计的长期护理状态转移矩阵来进行相关的计算。但本章指出，Robinson 模型存在设计缺陷，导致其系统性地低估了老人需要护理院服务的概率，同时相应地高估了老人使用护理院服务的时间（条件均值）。本章利用最新的 HRS 和 National Long - Term Care Survey（NLTCS）数据重新估计了老人对各类型长期护理服务的需求。新矩阵提供了更准确的老人对长期护理服务需求的分布。另外，本章发现当利用新矩阵进行计算时，动态优化模型预测的老人购买商业长期护理保险的比例更接近实际数据。

第四章创建了结构模型，从需求侧考察老人不愿意购买长期护理保险的原因。本章的创新之处在于引入了长期护理服务质量偏好参数，用于衡量老人在低质量长期护理机构接受服务时遭受的效用损失。本章利用 HRS 数据估计了结构模型中的偏好参数，发现老人普遍对高质量长期护理服务的偏好不强（或认为护理院服务质量差距不大）。由于老人在耗尽金融资产后总是可以依靠 Medicaid 获得低质量的长期护理服务，因此他们并不需要购买商业长期护理保险，即公共健康保险挤出了商业长期护理保险。这个结论对我国商业长期护理保险的发展具有较高的参考价值。在构建我国的多层次长期护理服务支付体系时，政策制定者可以尝试将长期护理服务质量差异化，利用社保长护险满足所有老人对长期护理服务的基本需要，同时利用商业长期护理保险满足中、高收入老人对高质量长期护理服务的需求，从而减少公共健康保险对商业长期护理保险的挤出作用。此外，本章还发现拥有较高房产的老人更倾向于使用住房对未来的长期护理服务费用进行自我保险。当反事实模拟实验禁止老人使用自住房产支付长期护理服务费用时，模拟的长期护理保险覆盖率显著增大。

第五章讨论了长期护理保险的供给侧问题。除定价较高外（商业长期护理保险的附加费率高于普通健康保险），本章重点关注了由长期护理保险的保费支付结构（按月或年支付，保费的支付远早于长期护理服务费用的报销）所导致的弃保行为。本章利用 HRS 数据发现，65 岁前购买了长期护理保险的老人中约有 1/4 会在死亡前弃保，并损失所有的老龄储备。但是，动态优化模型的计算结果显示老人只有在面临信息的巨大改变时才可能理性地选择弃保，没有显著信息变化的弃保会给老人带来巨大的福利损失。本章还发现，老人弃保的概率会随着出现认知障碍而增加，同时存在认知障碍的老人在未来需要长期护理服务的概率更高，从而形成动态正向选择。这显然对弃保老人非常不利。

第六章考察了各种鼓励老人购买商业长期护理保险的公共政策的政策效果。除普遍利用税收优惠鼓励老人购买长期护理保险外（效果普遍不显著），一些州还尝试了很有特点的长期护理合作项目：当老人购买参加长期护理合作项目的长期护理保险后，一旦老人在保险理赔期满后仍然需要长期护理服务，Medicaid 将允许老人保留更多的金融资产，即利用相同的保费保障了更多资产的安全。但是，本章的数值模拟结果显示，长期护理合作项目并不能显著增加长期护理保险覆盖率，其只能使单身男性和女性老人的保险覆盖率分别增加 5% 和 4%。同时，本章的理论计算表明，长期护理合作项目的绝大部分补贴将流向在项目推出前就已经购买了普通长期护理保险的高资产老人，导致项目的补贴支出高于 Medicaid 节省的长期护理服务费用。

第七章使用基于 Brown 和 Finkelstein（2008）修改的动态优化模

型评估了创新的"巨灾型"长期护理保险合约。此类产品可以显著降低长期护理保险的保费，并保障长期护理服务费用的尾部风险。基准模型的理论结果显示，引入"巨灾型"长期护理保险将吸引11%中等收入男性老人和3%中等收入女性老人购买商业长期护理保险，同时Medicaid为男性和女性老人支付的长期护理服务费用将分别降低0.20%和0.19%。

第八章将单身老人的长期护理保险购买决策拓展到已婚老人。已婚夫妻在考虑是否应该购买长期护理保险时需要考虑更多的因素。他们可以共同承担风险。同时，Medicaid也允许已婚夫妻保留更多的金融资产。这两个因素使长期护理保险对已婚老人的价值降低。但是，已婚夫妻普遍拥有更多的资产。另外，如果夫妻一方需要长期护理服务而另一方保持健康，那么高昂的长期护理服务费用将快速消耗夫妻的共同资产，从而使健康配偶的生活也受到影响。这两个因素使长期护理保险对已婚老人的价值升高。本章将这些可能影响已婚老人长期护理保险需求的因素纳入同一个动态优化模型进行考察。数值模拟的结果显示，已婚老人对长期护理保险的支付意愿高于处于资产分布同样百分位的单身老人，而其中最核心的原因则是财富效应。

第二章

长期护理简介

第一节　长期护理服务

一、定义

长期护理服务与普通疾病的诊断和治疗存在显著不同。长期护理服务是为由于慢性病或身体和精神存在功能性障碍而导致生活不能完全自理的老人提供的医疗、保健和辅助等一系列护理服务的总称。

随着年龄的逐渐增长，绝大多数老人或多或少都会出现工具性生活障碍（instrumental activities of daily living，iADL），例如无法独立购物、做饭、使用电器、服药、进行财务规划等，日常生活障碍（activities of daily living，ADL），例如无法独立吃饭、穿衣、上下床、行走、洗澡、如厕等，或认知障碍（cognitive impairment），严重时会导致生活不能完全自理，这让他们在很长一段时间内需要接受各种帮助以保证生活质量。虽然在一些情况下也会提供医疗服务，但是长期护理服务最主要的作用还是帮助失能老人完成这些日常生活的基本活动和独立生活的基本任务。

长期护理服务可以分为三大种类，即家庭护理服务（home care）、养老院服务（assisted living facility）和护理院服务（nursing home）。由于老人必须离家接受服务，后两类服务一般被合称为机构护理服务（institutional care）。

如非必要，绝大多数老人都倾向于不离家居住（Venti 和 Wise，2004），这使家庭护理服务成为当老人健康状况出现问题时的第一选择。家庭护理服务在老人的家中为老人提供各种非医疗与医疗服务，以便老人可以尽可能地保持独立生活，同时也有助于保障他们的安全。最常见的家庭护理服务包括家政服务和陪护服务两大类。家政服务主要包括帮助老人做饭、洗衣服、打扫房间、购买生活必需品、管理药品等，即主要辅助老人的工具性生活障碍。陪护服务主要包括协助老人吃饭、穿脱衣服、上下床、在房间内活动、洗澡、上厕所等，即主要处理老人的日常生活障碍所造成的问题。家庭护理服务也会存在一定的保健和医疗服务，主要由受过专业训练的护理人员（非专业医生与护士）进行，包括协助注射胰岛素、换药和检查日常生命体征等。这些服务有时也被称为家庭健康护理（home health aide）。

当老人的健康状况恶化，出现多项工具性生活障碍和少量日常生活障碍，无法继续独立居家生活时，他们就开始需要机构护理服务。养老院服务和护理院服务的主要区别在于老人是否需要由专业医护人员提供的 24 小时医疗监护。当老人不需要持续的医疗护理时，他们可以选择进入养老院居住。养老院会提供食宿和全天候日常生活障碍辅助（帮助其吃饭、穿衣、起床等）。机构内还有一系列的辅助生活设施来帮助老人尽可能地独立生活。养老院也会有专人负责老人的日常家务、用药提醒，甚至会组织一定的社交娱乐活动等。除存在少量日常生活障碍的老人外，患有轻度认知障碍的老人也可以选择在养老院接受长期护理服务。

当老人的健康状况重度恶化时，例如同时出现多种日常生活障碍以及中至重度的认知障碍，他们就必须进入护理院。除包括养老院的所有护理服务外，护理院服务的核心在于由接受过特殊培训的专业医护人员提供的全天候医疗服务，另外还有医疗监护、康复治疗（身体、语言）等服务。护理院可以说是除医院住院部外能提供最多医疗服务的机构。

需要注意的是，短期的普通疾病后期护理服务（例如在手术、中风或意外事故后于护理院短期休养，并很快恢复健康返回家中生活）在理论上不属于长期护理服务的范畴。

二、长期护理服务的质量

老人可以相对容易地调整家庭护理服务的质量。由于是在自己的家中接受服务，他们可以随时雇用不同的护理人员或提出不同的服务需求。因此，关于长期护理服务质量的讨论一般集中在机构护理服务。

以护理院服务为例，文献（Grabowski，2001；Cohen and Spector，1996；Donoghue，2004；Nyman，1988；Spector and Takada，1991；等）发现，不同护理院的质量存在显著差异，而造成差异的主要原因则与护理院服务费用的支付方式相关。由于公共健康保险（主要是针对65岁以上老人的公共健康保险项目Medicare和针对贫困群体的公共健康保险项目Medicaid。关于这两个项目的详细说明见本章第二节第二部分）的管理者会与其认证的护理院进行协商并支付远低于市场价格的护理费用，这导致利用公共资源支付护理院服务费用的老人给长期护理机构带来的利润普遍较低，而使用私人方式付费（主要为利用积累的金融资产自费支付或使用长期护理保险支付，详见本章第二节第二部分）的老人则会给长期护理机构带来更高的利润。因此，高质量的护理院会通过更先进的硬件设施以及更高质量的护理服务来尽量吸引利用私人方式付费的老人。同时，由于对护理院的需求远高于供给，低质量的养老院并没有动力去改善他们的硬件与服务质量，因为低质量的养老院总是可以接收足够的由 Medicaid 支付长期护理服务费用的老人。文献得出的普遍结论是：长期护理机构中使用 Medicaid 支付费用的老人比例越高，其提供的各方面长期护理服务质量就越低，包括硬件设施、护患比例、每年违反 Medicaid 认证规则的次数等。例如，Donoghue（2004）发现护理院中使用 Medicaid 付费的老人占比每增加 1 个百分点，护患比就会下降 2 个百分点。

现实情况是，由于高质量护理院的位置有限，因此部分高质量护理院完全不接收使用 Medicaid 付费的老人，另一些接受 Medicaid 付费的高质量护理院也会严格限制使用 Medicaid 支付长期护理服务费用的人数。他们通常会首先尽可能多地接收利用私人资源支付护理院服务费用的老人，然后再利用使用 Medicaid 支付费用的老人填补剩余的空床位（Scanlon，1980；Nyman，1988）。这样做的结果就是，当老人首次需要机构护理服务时，使用金融资产自费支付或者使用长期护理保险支付护理院服务费用的老人一般可以自由选择高质量的护理院或因为个人原因想进入的任何护理院，而那些没有足够的经济资源且没有购买长期护理保险，被认定需要使用公共医疗资源支付长期护理服务费用的老人就面临很有限的选择。他们通常很难在高质量的护理院获得床位，从而不得不求助于任何可以接收他们的护理院，并可能会因为低质量的长期护理服务而遭受对健康的不利影响。

当居住在高质量护理院的老人耗尽金融资产或长期护理保险失效时，他们可以申请使用公共资源支付其剩余的长期护理服务费用。政策规定护理院不能主动要求他们离开或转院。此时最有可能发生的是老人会被转到相同护理院的不同病房（大多护理院都同时存在普通病房和利用 Medicaid 支付长期护理服务费用的病房）。Grabowski 等（2008）发现，尽管不同护理院之间的护理质量显著不同，但相同护理院内部的护理质量差异不大。因此，对于有一定资源的老人来说，最关键的是在首次需要进入护理院的时候挑选一个高质量的机构。从另一个角度来说，受身体和精神状况影响，老人很难从一个护理院转院到另一个机构，这就再次加强了老人在首次需要护理院服务时选择合适护理院的重要性。

第二节 长期护理服务的费用及支付

一、长期护理服务的费用

长期护理服务的费用，尤其是护理院服务的费用非常惊人。Genworth（2022）在2021年6—11月通过电话联系了67 742家提供各类长期护理服务的公司，对最新的长期护理服务费用进行了调查①。其中大约20%的公司协助完成了调查。调查样本在服务种类与地区分布上均具有全美代表性。根据调查数据，2021年全美护理院单人间的平均费用达到了每天297美元，或每年108 405美元。双人间的费用稍低，也达到了每天260美元（每年94 900美元）。养老院服务的价格更低一些，为每天148美元（每年54 000美元）。家庭护理服务中的家政服务和陪护服务的费用分别为每小时26美元和27美元。按照每天需要4小时服务计算，家政服务和陪护服务每年的费用也分别达到了37 960美元和39 420美元。

同时，长期护理服务的价格增长很快。Genworth（2002）根据过去近20年的数据预测，2051年护理院单人间的全美平均费用将达到每天721美元（每年263 127美元），养老院的价格将达到每天359美元（每年131 072美元），家政服务和陪护服务的费用将分别达到

① Genworth公司自2004年开始调查并分析长期护理服务费用。

每小时 63 美元和 65.5 美元。同样按每天使用 4 小时服务计算，家政服务和陪护服务每年的费用将分别达到 91 980 美元和 95 630 美元。

值得注意的是，上述费用为全美平均费用。长期护理服务的实际收费还取决于一些其他因素，比如老人需要服务的时间及地点等。一般晚上、周末和节假日的家庭护理服务相对较贵。另外，在一些生活成本较高的州，比如纽约和加州，长期护理服务的费用要远高于全美平均水平。以纽约州的护理院服务为例，其平均费用超过每天 435 美元（每年 158 775 美元），最高端的护理院收费甚至会超过每天 1 000 美元。

这些长期护理服务费用远远超过了 2021 年美国退休老人的年平均社会保障养老金收入 18 752 美元（社会保障养老金是美国绝大部分老人退休后唯一的经济来源），因此，对老年家庭形成了重大的财务风险，如果处理不当会致使老人面临沉重的经济负担。

二、费用的支付

很多老人认为，普通健康保险会赔付长期护理服务的费用，这是不对的。如果是生病或受伤，普通健康保险确实可以帮助老人支付一部分甚至全部的医疗费用，但是它并不能保障未来的长期护理服务需求给老人带来的潜在财务风险。

老人可以利用多种方式支付长期护理服务的费用，从支付属性看主要可以分为公共资源以及私人资源两大类别。公共资源主要包括针对 65 岁以上老人的公共健康保险项目 Medicare，针对低资产、低收入群体的公共健康保险项目 Medicaid，还包括其他一些针对特殊群体的公共健康保险项目。每种公共健康保险项目都存在一系列的前提条件，满足所有条件后，老人才有资格使用这些公共资源支付自身的长期护理服务费用。每种项目的保障水平也各不相同。私人资源主要包括利用积累的金融资产（预防性储蓄）自费支付、商业长期护理保险以及其他私人支付方式（例如，基金会、慈善机构等）。本节接下来对各种主流支付渠道提供更详细的介绍。

（一）Medicare

Medicare是美国最重要的社会保险之一，由联邦出资为65岁及以上的老人提供公共健康保险（资金的来源为Medicare税。所有人在工作时都需要缴纳Medicare税，其中个人缴纳税前工资的1.45%，雇主同时缴纳雇员税前工资的1.45%）。从理论上讲，Medicare并不支付长期护理服务的费用，项目仅为老人在被认证的护理院中接受的短期普通疾病后期护理服务付费（如前所述，这些短期服务理论上不属于长期护理服务），同时存在多项限制，例如只为住院治疗至少3天后转到护理院的老人支付最长100天的护理院服务费用；老人必须在开始住院治疗的30天内转入护理院；进入护理院接受服务的原因需要与住院治疗的病因一致并由主治医生开具处方；老人需要被认为可以在短期康复，不需要持续护理等，甚至如果老人在护理院恢复缓慢，并且健康状况也被认定在未来不会进一步改善，那么即使在100天的期限之内，Medicare也将立即停止支付老人的护理院服务费用。除短期护理院服务费用外，Medicare也会支付短期（不超过21天）的非定期家庭护理服务费用，主要包括专业人员提供的康复治疗、训练等。Medicare不会为辅助日常生活障碍的非医疗护理服务支付费用（这些服务种类才是长期护理服务的主要业务）。

（二）Medicaid

Medicaid是美国联邦与州共同出资的社会福利项目，是长期护理服务费用的次级支付方（也是最后的支付方），也是当前长期护理服务最主要的支付方式。与所有65岁以上老人都可以使用的Medicare不同，Medicaid的主要目标是贫困群体。因此，Medicaid具有非常严格的资产和收入检查，同时也只会为确实存在身体和精神的功能性障碍且具有长期护理服务需求的失能老人支付长期护理服务费用。Medicaid 对资产与收入的要求在不同州存在较大差异，甚至在相同州，当老人接受的长期护理服务类型不同时，Medicaid 的资格要求也不一样①。其中，各州对资产最普遍的要求是，老人的金融资产要低于 2 000 美元。如果不满足条件，老人需要首先利用金融资产自费支付长期护理服务费用，直到通过 Medicaid 的资产检查。同时，老人月收入超过 30 美元的部分也要先用于支付机构护理服务费用。如果老人接受的是家庭护理服务，那么每月收入检查的门槛为 841 美元（2022 年单身老人的收入门槛）。通过资产和收入检查之后，Medicaid 会支付老人剩余的长期护理服务费用。换句话说，Medicaid 确实可以支付老人的长期护理服务费用，但是老人会首先耗光一生积累的财富，丧失康复后经济独立的能力，也无法给继承人留下任何遗产。不过，对本就资源有限的低资产、低收入老人来说，使用 Medicaid 支付长期护理服务费用确实是最好的选择。

另外值得提到的是 Medicaid 最初只支付机构护理服务费用，所有利用 Medicaid 支付长期护理服务费用的老人都必须居住在 Medicaid 认证的护理院中。随着对家庭护理服务需求的增加，各州的 Medicaid 项目都已经开始为以家庭和社区为基础的长期护理服务（home and community based services，HCBS）提供资助。但是，这种资助可能存在名额限制，一旦达到限额，老人就需要进入等待名单直到新名额出现，或者进入 Medicaid 认证的护理院接受治疗，而不能继续留在家中。

（三）利用积累的金融资产自费支付

老人也可以利用自身积攒的金融资产来自费支付长期护理服务费用。然而，由于未来可能需要的长期护理服务类型、时间和费用高低都是未知的，因此这种方式可能造成巨大的效用损失。如果老人为支付长

---

① AARP Public Policy Institute（2010）提供了详细的关于各州 Medicaid 规则的比较。

期护理服务费用进行预防性储蓄，他们就必须大幅减少年轻时的消费，但是如果他们年轻时不储蓄，则可能会面对无法支付长期护理服务费用的窘境。

（四）长期护理保险

最后的主流支付选项是长期护理保险。这也是本书的重点。本章的下一节将对长期护理保险进行详细介绍。

（五）支付比例

Congressional Research Service（CRS，2022）分析了国家健康支出账户（National Health Expenditure Accounts，NHEA）的数据，以考察上述各种支付方式对长期护理服务的具体支付金额和比例。根据 CRS 的报告，2020 年全美的长期护理服务总支出达到了 4 751 亿美元。由于 NHEA 数据是按照护理类型来分类的（家庭护理服务、养老院服务和护理院服务等），这导致 CRS 无法区分支付的费用是用于长期护理服务，还是普通疾病后期护理服务，因此，这个数字可能夸大了长期护理服务费用的总金额。如前所述，普通疾病后期护理服务从理论上不属于长期护理服务。但同时，NHEA 数据也在某种程度上低估了长期护理服务的总支出，因为数据中并没有包括家庭成员、朋友或其他不领取报酬的护理人员所提供的非正式护理服务的价值。

如图 2-1 所示，公共资源（包括 Medicare 项目、Medicaid 项目和其他公共项目）支付了长期护理服务的绝大部分费用，占到了总支出的 72.3%。Medicaid 项目为长期护理服务费用的第一大支付方，在 2020 年支付了 2 001 亿美元（联邦和各州合计），占所有支出的 42.1%。Medicare 项目理论上不应该为长期护理服务支付任何费用，但是 Medicare 会为处于普通疾病恢复期的老人支付有限的家庭护理服务和护理院服务费用。如前所述，由于 NHEA 数据并不能将普通疾病后期护理服务与长期护理服务分开，因此，从数据中可以看到 Medicare 项目支付了总费用的 18.2%，或 866 亿美元。其他各种公共健康保险项目（例如，疫情期间的一些短期特殊项目和针对老兵的福利项目等。这些项目普遍针对某些情况下的某类特殊群体，而并不是随时向所有老人开放）支付了所有长期护理服务费用的 12.0%，共计 568 亿美元。

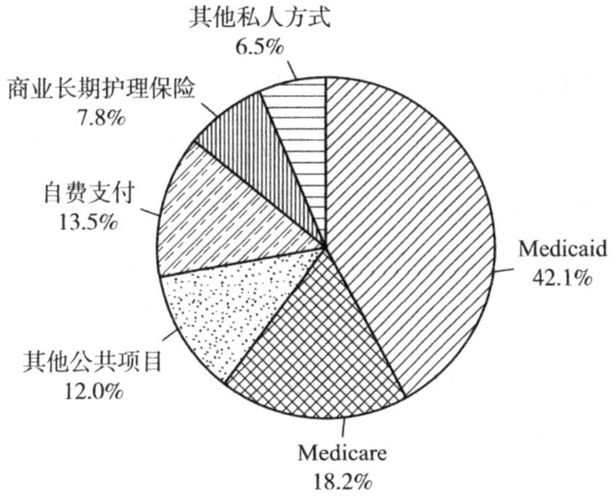

图 2－1　按支付方式分类的长期护理服务费用

注：包含普通疾病后期护理费用。
资料来源：CRS（2022）。

由于大部分的老人并没有购买长期护理保险，因此利用预防性储蓄自费支付是私人资源支付长期护理服务费用的最主要方式。2020 年老人自费支付的长期护理服务费用达到了 640 亿美元，占长期护理服务总支出金额的 13.5%，对老人积累的金融资产造成了重大损失。需要注意的是，这 640 亿美元中除老人直接支付的长期护理服务费用外，还包括主要由另一方式（Medicare、Medicaid，长期护理保险等）支付长期护理服务费用时老人所承担的免赔和共同支付部分。例如，当老人使用 Medicare 支付机构护理服务费用时，特定天数之后老人每天都需要共同支付一定的护理服务费用（Medicare 支付家庭护理服务费用时不需要老人共同支付）。当老人使用 Medicaid 支付长期护理服务费用时，老人必须同时满足 Medicaid 对资产和收入的资格要求。资产或收入过高的老人需要首先利用他们的金融资产和收入自费支付长期护理服务费用，直到满足 Medicaid 的资格要求。当老人使用长期护理保险支付长期护理服务费用时，由于大部分长期护理保险都存在等待期，因此理赔正式开始之前的长期护理服务费用也需要由老人自费支付。如果长期护理保险为老人报销的长期护理服务费用超过了保险合约的终生最高理赔额度，老人也需要自费支付剩余的长期护理服务费用。

与普通健康保险相比，长期护理保险的市场不大，覆盖率不高，因此支付的长期护理服务费用也比较有限。2020 年长期护理保险一共为老人赔付了 369 亿美元的长期护理服务费用，仅占总支出的 7.8%①。与之对比，普通健康保险在 2021 年共支付了 1.2 万亿美元，占总健康支出的 28%（Matin 等，2023）。

最后，其他私人基金在 2020 年支付了长期护理服务总费用的 6.5%（307 亿美元），其中包括通过个人或慈善组织筹集的慈善基金，或者从各种基金会或公司得到的支持。

第三节　长期护理保险

长期护理保险可以保障老人未来对长期护理服务的需求。当购买了长期护理保险的老人满足了保险合约的要求后（一般为老人出现一定数量的日常生活障碍或认知障碍满一定时间后），保险公司就将开始为老人报销长期护理服务的费用，直到老人恢复健康或保险失效（也有少部分保单约定一次性给付固定数额的保险金）。一些购买时间较早的长期护理保险只赔付机构护理服务费用，但近年来新出售的几乎所有保险合

① 此比例在很长时间内保持稳定。例如，Hartman 等（2009）发现 2007 年长期护理保险也仅支付了护理院服务总费用的 7.5%。

约都会同时保障家庭护理服务和机构护理服务。一些保险合约还会包括其他附加项目，比如，成人日托服务、家庭护理人员培训和临时护理服务等。

由于保障了未来高概率且高费用的风险，长期护理保险的价格也不低，具体的价格与老人购买长期护理保险的年龄以及选择的保险条款有关。长期护理保险的保费一般按月或年支付，保单保证可以续约。自购买长期护理保险之日起，老人每一期支付的保费都是固定的，不会随老人年龄增长而增加。保险公司也不能因为老人的健康状况恶化而提高保费。但是，当保险公司发现被保险人群的索赔金额持续高于成本时，公司可以向本州的保险监管机构申请提高保费。

年龄是影响长期护理保险价格的最大因素。老人开始购买长期护理保险的年龄越小，保费越低，反之则越高。American's Health Insurance Plans（AHIP，2013）发现，2010 年 55 岁以下人群购买长期护理保险的年平均保费为 1 831 美元，55—64 岁的老人购买长期护理保险的年平均保费为 2 261 美元，65—69 岁的老人购买长期护理保险的年平均保费为 2 781 美元，70—74 岁的老人购买长期护理保险的年平均保费为 3 421 美元，如果老人等到 75 岁及以上才开始购买长期护理保险，他们需要平均每年支付的保费为 4 123 美元。类似的，根据 American Association for Long－Term Care Insurance（AALTCI）的数据，65 岁购买长期护理保险的老人比 55 岁购买同样条款长期护理保险的老人多支付 49.9% 的保费。75 岁时又比 65 岁多支付 91.9% 的保费。由于价格增长迅猛，高龄老人很难负担新购长期护理保险的保费，因此市场上 89% 的长期护理保险购于 65 岁之前，仅有 8% 的老人长期护理保险购于 65—69 岁，3% 的老人在 70 岁及以上购买了长期护理保险①。

在购买长期护理保险时，老人还需要选择长期护理保险特有的几项保障条款。这些条款会决定保险合约的保障程度，同时也会影响保单的

① https：//www.aaltci.org/long-term-care-insurance/learning-center/ltcfacts-2021.php.

价格，保障水平越高，保费也越高。第一项影响长期护理保险保障程度和价格的因素是日理赔上限（daily benefit amount）。长期护理服务在很多情况下按天计费，日理赔上限即为保单约定的保险公司每天可以为老人报销的长期护理服务费用的上限。如果老人某天支付的长期护理服务费用超过了日理赔上限，则长期护理保险的报销额为日理赔上限，老人需要自费支付超过上限的部分。如果老人当天须支付的长期护理服务费用未超过日理赔上限，则长期护理保险的报销额以实际发生的长期护理服务费用为准。通常老人可以选择的日理赔上限处于 50—300 美元，也有保险公司提供无日理赔上限的保单，可以为老人报销当天发生的所有长期护理服务费用。

老人需要选择的第二项保险条款为终生最高理赔额度（maximum lifetime benefits）。大多数长期护理保险合约以理赔期限对终生最高理赔额度进行限制，即在老人的一生中，长期护理保险可以为多长时间的长期护理服务报销费用，不管老人需要的是家庭护理服务、养老院服务还是护理院服务。老人的可选项一般为 2 年至终生。也有保单以总金额对终生最高理赔额度进行限制，即长期护理保险合约有一个资金池，在资金池耗光之前，保险公司都会为老人的长期护理服务需求支付费用，无论老人在多长的期限内使用长期护理服务。

第三项条款是等待期（elimination period）。等待期指保单约定的在老人开始使用长期护理服务后到长期护理保险正式开始赔付之前，老人需要自费支付长期护理服务费用的时间。大多数保单的等待期处于 0 至 180 天。老人选择的等待期越短，保费就越高，反之则越低，然而更长的等待期同时也意味着老人需要自费支付更多的长期护理服务费用。例如，如果某个保单的等待期是 100 天，那么老人就需要自费支付前 100 天的长期护理服务费用，之后保险会依照约定赔付老人 100 天之后的长期护理服务费用。如果老人需要的是护理院服务，护理院单人间全美平均价格为每天 297 美元，那么在长期护理保险开始正式理赔之前，老人需要支付 29 700 美元的护理院服务费用。如果老人购买的长期护理保险的等待期为 30 天，则需要自费支付的金额就只有 8 910 美元。

第四项条款是通货膨胀保护（inflation protection）。通货膨胀保护允许保单的日理赔上限和终生最高理赔额度以一个约定好的比例逐年增长，通常是 1%—5%。由于长期护理服务的价格增长很快，同时老人可能在很多年后才会使用长期护理保险支付长期护理服务费用，因此固定保额（日理赔上限和终生最高理赔额度）的长期护理保险在未来可能出现保额不足的问题。例如，如果 50 岁的老人在 2021 年购买了日理赔上限为 279 美元的长期护理保险且没有选择通货膨胀保护，那么当他在 80 岁需要护理院服务时，会发现护理院单人间的费用在 30 年间已经从每天 279 美元涨到了 721 美元（Genworth 公司预测的 2051 年全美护理院单人间每天的费用），279 美元的固定保额相当于只保障了总费用的不到四成。如果老人同时选购了 5% 的通货膨胀保护，那么到 2051 年，保单的日理赔上限将上调为 1 206 美元，可以保障老人任何类型长期护理服务的需求。

最后值得提到的是，在老人购买长期护理保险时，会有工作人员对老人进行体检。如果老人已经存在某种程度的功能性障碍（身体或精神）或认知障碍，他们会被拒保。根据 AALTCI 的数据，拒保的比例与年龄相关。50—59 岁购买长期护理保险的老人中 20.4% 会被拒保。60—64 岁的长期护理保险拒保率为 30.4%。如果老人等到 70 岁以上再购买长期护理保险，那么拒保率将达到 47.2%。

第三章

长期护理服务的需求

第一节　引　　言

想要研究长期护理相关的问题，例如，分析家庭最优的消费和储蓄路径，解释为什么老人不愿意购买商业长期护理保险，考察如何才能降低公共医疗支出等，首先要理解老人对长期护理服务到底有多大需求。就目前已有的研究来看，老人需要家庭护理服务、养老院服务和护理院服务的概率以及预期需要各种长期护理服务的时间等描述老人对长期护理服务需求的关键统计信息非常有限。

已有研究中应用最广的是 Robinson（1996，2002）利用 1982—1989 年 National Long - Term Care Survey（NLTCS）数据估计的老人的健康状态转移模型以及以这些健康状态为基础估计的一系列长期护理状态转移矩阵。这些描述长期护理需求的矩阵广泛应用于业界、政府与学界。保险公司利用 Robinson 模型估计的长期护理状态转移矩阵给长期护理保险定价。保险监管机构利用这些矩阵评估保险公司增加保费的申请。学术界同样也利用这些矩阵研究居民的消费、储蓄、购买保险、遗留遗产等经济决策（Brown and Finkelstein，2008；Ameriks 等，2011 等）。

虽然 Robinson（2002）估计的长期护理需求矩阵被大范围使用，但是 Hurd 等（2014）的发现引发了学术界对 Robinson 模型正确性的担忧，而且 Robinson（2002）是基于 20—30 年前的数据估计的，老人最新的长期护理服务需求可能已经发生了改变。

Hurd 等（2014）使用 Health and Retirement Study（HRS）数据考察了老人对护理院服务的需求。HRS 数据相比 NLTCS 数据具有两项优势：第一，HRS 数据是一个时间跨度很长的面板数据，样本中老人会被追踪并每两年被访问一次，因此可以持续了解老人各种健康情况以及护理需求的变化；第二，HRS 数据包含对已死亡老人亲属的访谈，可以更清楚地了解老人在死亡前的相关健康以及护理需求情况。Hurd 等（2014）的研究结果显示，Robinson（2002）很可能错误地估计了老人对长期护理服务需求的分布，更明确地，Robinson（2002）显著低估了老人需要长期护理服务的概率，但同时显著高估了老人进入护理院后需要服务的时间。例如，Robinson 模型预测 65 岁的健康男性和女性老人在死亡前分别有 27% 和 44% 的概率需要护理院服务，而 Hurd 等（2014）则发现 50 岁的健康男性和女性老人在死亡前分别有 50% 和 65% 的可能性需要护理院服务。尽管 Hurd 等（2014）中老人的开始年龄更年轻，但是在两个不同研究中老人在死亡前需要护理院服务的比例差距巨大，而且也不可能有大量老人在 50 岁至 65 岁使用护理院服务。另外，Hurd 等（2014）还发现，在老人已经进入护理院的前提条件下，他们平均使用护理院服务的时间要显著低于 Robinson 模型的预测。同时，老人从护理院恢复健康，返回社区家中居住的概率也远大于 Robinson（2002）研究的结果。

保险公司和监管机构更关注的可能是所有老人平均使用护理院服务的时长，因为这个统计指标会影响老人的索赔金额，即保险公司的成本。Robinson（2002）在这个维度上的估计是正确的。但是，研究长期护理保险价值的学者同时也关心需求的分布。如果老人进入护理院接受服务是高概率但时间相对较短（成本较低）的事件，那么按照Robinson模型，将护理院需求当作低概率且高成本（每次使用护理院服务的时间很长）的事件，就将严重高估长期护理保险的真实价值。

本章将首先展示证据，说明Robinson（2002）的结果具有误导性，并展示使用最新数据信息估计老人对长期护理服务需求的重要性。本章介绍了HRS数据和NLTCS数据，以及两个数据集中涉及老人健康状态和长期护理使用的变量。数据显示，自20世纪80年代早期以来，老人遭受身体、精神的功能性损伤和认知障碍，以及使用部分类型长期护理服务的概率都有所下降。本章还指出了Robinson模型的问题，其虽然正确估计了所有老人平均使用护理院服务的时长（无条件均值），但是显著低估了老人需要护理院服务的概率并相应高估了当老人进入护理院后，在护理院接受服务的时间（条件均值）。

本章之后对Robinson模型进行了修改并对数据进行了更新。本章利用最新的HRS和NLTCS数据，按老人的性别和年龄重新估计了完整的健康状态转移矩阵和长期护理需求矩阵。本章与Robinson（2002）估计方法的关键差异在于：本章利用模拟矩估计方法（method of simulated moments），使模型匹配了数据中老人使用护理院服务的多个关键统计指标，这使本章的模型可以更好地量化老人对护理院服务的需求概率以及老人从护理院康复返回社区的概率。基于本章模型估计的老人终身长期护理需求模式与Robinson（2002）存在显著差异，但与Hurd等（2014）的新发现吻合程度非常高。

本章最后展示了新估计的长期护理需求矩阵对长期护理保险理论价值的影响。Brown和Finkelstein（2008）使用生命周期模型和Robinson（2002）中的长期护理服务需求矩阵估计了老人对长期护理保险的支付意愿。在将Brown和Finkelstein（2008）模型中的长期护理状态转移矩阵改变为本章新估计的矩阵后，本章发现老人对长期护理保险的支付意愿显著降低。两个原因导致出现这种情况：第一，利用本章新估计的长期护理服务需求矩阵计算的预期终生保费的现值较高，且预期终生保险理赔额的现值较低；第二，长期护理需求的尾部风险（极端长期护理支出）较低。进一步地，本章发现在利用新矩阵计算时，更大比例的老人将使用 Medicaid 支付他们的长期护理服务费用，但是 Medicaid 平均为每位老人支付的费用有所下降，最终导致 Medicaid 支付的总长期护理服务费用在使用新、旧长期护理服务需求矩阵时差距不大。最后，本章考察了 Medicare 对长期护理保险理论价值的影响。如果假设 Medicare 将支付老人每次接受护理院服务的前 3 个月费用，那么老人对长期护理保险的支付意愿将进一步下降，甚至导致没有男性老人愿意购买长期护理保险。这展示了本章新估计的长期护理状态转移矩阵的另一个贡献，即证明公共健康保险（Medicaid 和 Medicare）对商业长期护理保险的挤出作用比之前文献估计的更强。

本章的剩余部分安排如下：第二节总结相关文献的研究并重点介绍了 Robinson（2002）和 Hurd 等（2014）这两篇与本章最相关的论文；第三节介绍 HRS 和 NLTCS 数据；第四节解释本章在 Robinson 模型的基础上做了哪些改进，从而使模型估计的模拟矩更接近利用数据计算的数据矩；第五节展示新估计的长期护理需求矩阵对长期护理保险理论价值的影响；最后一节做了总结。

第二节 相关文献综述

大量文献考察过老人对护理院服务的需求，包括 Liang 等（1996）、Cohen 等（1986）、Kemper 和 Murtaugh（1991）、Arling 等（1992）、Dick 等（1994）、Robinson（1996，2002）、Spillman 和 Lubitz（2002）、Kelly 等（2010），Hurd 等（2014）和 Fong 等（2015）。Robinson（2002）与其他相关文献的关键不同之处在于：Robinson（2002）构建

的模型不仅计算了老人平均终生使用护理院服务的时间（无条件均值），还估计了单身老人的月度长期护理状态转移概率。Robinson（2002）估计的长期护理状态转移概率具有非常高的学术价值，可以用来考察老人无法负担长期护理服务费用的财务风险，也可以允许学者考察老人从护理院康复返回社区居住后是否有足够的资产来维持正常的生活水平。例如，Brown 和 Finkelstein（2008）和 Sun 和 Webb（2013）都利用相关概率建模考察了老人的最优长期护理保险购买决策以及最优的消费路径和资产消耗路径。Robinson（2002）估计的长期护理状态转移概率也可以用来研究老年家庭其他的经济决策，例如，Reichling 和 Smetters（2015）使用对应概率分析了老人退休后的最优年金产品购买决策。Robinson（2002）模型选择的月度间隔也非常关键。HRS 数据显示，许多老人在一生中会有多次短期护理院居住经历（在护理院接受短期服务并很快恢复返回社区居住，与长期护理的特征存在一定不同，详见第二章），此特征在以年度间隔估计的长期护理状态转移模型中很难被精确刻画。由于其多方面的优越性，Robinson（2002）的结果得到了高度重视，被广泛应用于业界和学术界。Brown 和 Finkelstein（2004）称其正在被保险监管机构、商业保险公司、管理公共长期护理项目的州政府相关部门以及精算师协会长期护理工作组等使用。

在 Hurd 等（2014）之前，文献对老人长期护理服务需求的估计集中在一个狭窄的范围内，最被广泛引用的论文是 Kemper 和 Murtaugh（1991）和 Dick 等（1994）。Kemper 和 Murtaugh（1991）估计，65 岁的男性和女性老人分别有 33% 和 52% 的概率在未来需要护理院服务，而 Dick 等（1994）的结果显示，男性和女性老人在死亡前需要护理院服务的概率几乎相等，分别为 36% 和 35%。Dick 等（1994）的结论和其他文献存在显著差异。绝大多数文献的发现都与 Kemper 和 Murtaugh（1991）类似，即女性终生使用护理院服务的概率高于男性。与其他文献不同，Fong 等（2015）关注的是老人的健康状态在残疾、功能性障碍和死亡之间转移的概率，其并没有区分老人对家庭护理服务和护理院服务的需求。利用 HRS 数据，他们发现 65 岁的男性和女性老人在死亡前出现各种失能的概率分别为 37% 和 54%。

Hurd 等（2014）通过分析 HRS 数据发现，50 岁的男性和女性老人终生需要护理院服务的概率分别为 50% 和 65%，远高于文献中通常从老人 65 岁开始计算的长期护理服务需求概率。同时，Hurd 等（2014）报告的在使用护理院服务的前提下，老人使用护理院服务的时间（条件均值）要比 Robinson（2002）低得多。这最终导致他们估计的老人平均终生使用护理院服务的时间（无条件均值）与 Robinson（2002）相似。更具体地，Hurd 等（2014）估计的男性和女性老人平均使用护理院服务的时间分别为 0.35 年和 0.78 年。作为对比，Robinson（2002）估计的男性和女性老人平均使用护理院服务的时间分别为 0.35 年和 0.88 年。Dick 等（1994）估计的男性和女性老人平均使用护理院服务的时间分别为 0.48 年和 0.73 年。

Hurd 等（2014）尝试解释了其估计的老人使用护理院服务的概率远高于文献的潜在原因。首先，他们利用 HRS 数据展示了在数据覆盖的 12 年间老人使用护理院服务的偏好没有出现显著差异。他们因此排除了老人使用护理院服务的概率随时间变化的可能性。本章将在第三节就这一结论展示更有说服力的证据。本章通过分析 NTLCS 的数据发现，在更长时期内，不同年龄段老人使用护理院服务的概率不是上升，而是下降了。第二种可能的解释是 HRS 中的离世访谈提供了老人去世前两年使用护理院服务更准确的情况，而之前文献使用的数据集通常没有离世访谈或离世访谈的质量很低。由于老人使用护理院服务概率最高的时期通常是在去世之前，因此 Hurd 等（2014）可能发现了之前文献未能捕捉到的信息。但是，1984 年的 NLTCS 数据也提供了离世访谈。两个数据集在离世访谈中使用了几乎相同的回忆期，而且问到的问题也非常相似。而 Dick 等（1994）利用 1982—1984 年 NLTCS 数据计算的老人使用护理院服务的概率要比 Hurd 等（2014）低得多。Hurd 等（2014）提出的第三种解释是，Dick 等（1994）在合并不同期

NLTCS 数据时使用的方法导致他们的样本不再具有全美人口代表性。本章提出了可以解释 Hurd 等（2014）和 Robinson（2002）估计结果差异的第四种解释，即 Robinson（2002）的模型存在设计缺陷，此缺陷导致 Robinson（2002）低估了老人使用护理院服务的概率，但相应地高估了老人使用护理院服务的时间（在使用护理院服务的前提下）。更具体地，Robinson（2002）在分配老人的长期护理状态时没有设计足够的康复概率，因此模型中的个体要么没有进入护理院，要么进入护理院直至死亡。

Manton 和 Gu（2001）和 Manton 等（2006）也发现，在 NLTCS 数据期间老人使用长期护理服务的概率有所下降。虽然 Hurd 等（2014）利用 HRS 数据发现老人使用长期护理服务的概率自 1996 年起基本处于稳定状态，但是 Manton 等（2006）却发现使用机构护理服务的老人比例从 1982 年到 2004 年几乎减半。虽然 Robinson（2002）仅使用了 1982—1989 年的 NLTCS 数据进行估计，但是作者利用事后（ex-post）随年龄变化的调整因子整合了老人对长期护理服务需求的时间趋势（至 1994 年）。这些证据强调了在估计中使用最新数据的必要性。

最后值得提到的是，文献在估计公共健康保险对商业健康保险的挤出作用时，通常会更重视针对贫困人群的公共健康保险 Medicaid，而忽略了针对老人的公共健康保险 Medicare 的作用。例如，Brown 和 Finkelstein（2008）和 Sun 和 Webb（2013）在计算老人的长期护理保险支付意愿时，均没有考虑到很多护理院服务的前期费用是由 Medicare 支付的。由于数据显示 Medicare 支付了总长期护理服务支出的大约 20%，因此忽略这种支付方式可能导致计算显著高估老人对长期护理保险的支付意愿。本章将利用最新估计的长期护理状态转移矩阵对这一点提供更多的证据。

第三节 数　据

本章首先使用 NLTCS 的数据估计老人的健康状态过渡矩阵，之后利用估计的健康状态过渡矩阵预测老人的长期护理服务需求，并与 HRS 数据（主要提供老人对护理院服务的需求信息）和 NLTCS（主要提供老人对养老院服务和家庭护理服务的需求信息）中所观察到的老人对长期护理服务的需求进行匹配。如前所述，NLTCS 中包含更丰富的健康状态信息，而 HRS 则包含更长时间跨度的关于护理院使用（进入和居住时长）和康复（返回社区居住）的面板数据。

一、Health and Retirement Study（HRS）数据

本部分描述了如何使用 HRS 数据计算老人对护理院服务需求的统计指标，并将其与 Robinson 模型的预测进行比较。Health and Retirement Study（HRS）数据是一个具有全美代表性的，专门关注老年人社会、经济、健康状况的微观调查面板数据。HRS 开始于 1992 年，在第一期接受调查的样本为出生于 1931—1941 年（50 岁以上，也被称为 HRS 群体）的 7000 多名老人及他们的配偶（任何年龄）。之后，年纪更大和更年轻的老人也被逐渐加入了样本以保证其老年人口的代表性，其中包括在 1996 年并入 HRS 样本的最年长群体（Asset and Health Dynamics among the Oldest Old，AHEAD）、1998 年新加入 HRS 样本的大萧条儿童群体（Children of the Depression，CODA）和战争婴儿群体（War Babies，WB）、2004 年新加入 HRS 样本的早期婴儿潮群体（Early Baby Boomers，EBB）、2010 年新加入 HRS 样本的中期婴儿潮群体（Mid Baby Boomers，MBB）和 2016 年新加入 HRS 样本的晚期婴儿潮群体

（Late Baby Boomers，LBB）。HRS 每两年对样本中的所有老人进行一次电话访谈（也会有面谈）以获取他们最新的信息。如果老人在两次调查之间离世，那么 HRS 会对离世老人的亲属进行离世访谈（exit interview）。

在每两年一次的调查中，被访谈的老人（或者在离世访谈中，已故老人的亲属）会被问及自上次访谈以来，他们是否使用过护理院服务。如果老人回答是的话，则会被继续询问利用了多少次护理院服务，每次使用了多长时间，以及他们在本次访谈时是否居住在护理院，或是否在护理院去世（仅在离世访谈中会被询问）。从月度细节上看，老人对使用护理院服务的情况汇报得不完整，甚至在一些情况下会出现前后不一致，因此，对此问题的回答不适合直接进行系统性的使用。本章选择的做法是将月度长期护理服务需求概率看作月度健康状态及健康状态变化的函数，从而使模型模拟矩与利用 HRS 数据（根据老人回答上述问题的答案）和 NLTCS 数据计算的关于长期护理服务使用的统计指标尽量一致。

虽然 HRS 跟踪调查具有代表性的 51 岁及以上的老年样本，但是数据中存在的两个问题使 HRS 不能完全具有代表性：首先，由于未在家中居住，HRS 初始调查的群体（HRS 群体）不包括正在使用护理院服务的老人；其次，参加初次 HRS 调查的老人大部分还在世，因此 HRS 数据没办法展示老人终生对长期护理服务的需求。为解决第一个问题，本章采用了 Hurd 等（2014）的做法，即从 HRS 的第三期调查开始计算老人（HRS 群体）长期护理服务需求的统计指标。Hurd 等（2014）指出，到第三期访谈时，HRS 群体老人按年龄分组的护理院使用比例与后期加入调查的更年轻群体已经处于同一水平。这可能是因为那些在 HRS 第一期调查时就在使用护理院服务（因此没有被选为调查对象）的老人大多数在数年之后已经死亡了。Hurd 等（2014）推断此时的 HRS 群体样本已经具有了总人口代表性。本章还按照 Hurd 等（2014）的方法给老人重新分配了权重。HRS 为了汇总的目的给未在家中居住的老人分配的都是 0 权重，本章将正在护理院居住的老人的权重重置为他们进入护理院之前最后一期的非 0 权重。

为解决第二个问题，我们将 HRS 数据中出生于不同时期的老人（不同群体）联系起来并利用插值法（imputation）补全 HRS 群体老人自 65 岁以后的完整长期护理服务使用历史。这里的关键的假设为老人的健康状态以完全相同的方式影响出生于不同时期的老人的长期护理服务需求。出生于 1931—1941 年的 HRS 群体老人在 1992 年 HRS 第一期访谈时处于 51—61 岁，他们在 2010 年第 10 次调查时基本都还在世。出生于 1924 年之前的 AHEAD 群体老人在 1993 年 AHEAD 第一期次调查时就已经超过 70 岁，他们中的绝大部分在 2010 年访谈时已经死亡。本章利用与 Hurd 等（2014）类似的方式来解决左侧或右侧的删失（censor）问题。删失问题产生的原因是数据缺失了 65 岁以后加入调查的老人在 65 岁至参与调查之前所使用长期护理服务的信息，同时更年轻且尚未死亡的老人在死亡前使用长期护理服务的情况在数据中也无法被观测到。Hurd 等（2014）以 1993 年处于 70—74 岁的 AHEAD 群体老人作为研究对象，他们用年龄更大的老人的信息填补他们直到去世之前使用长期护理服务的历史，用年龄更小的老人的信息填补他们在被 AHEAD 调查之前使用长期护理服务的情况。通过构建这些老人的长期护理服务使用史，Hurd 等（2014）发现，老人在 50 岁以后死亡之前使用护理院服务的无条件概率为 53.6%，且无论是总人口的平均概率还是分年龄段的概率，都要远高于 Robinson 模型预测的结果。

这里一个潜在的问题是老人未来需要使用长期护理服务的概率可能与其之前是否使用过长期护理服务相关，因此本章使用了 Rubin（1987）的热卡填充法（hot-deck imputation）来解决其中可能存在的相关性，即将不同年龄但具有相似特征的老人关联起来，对他们的长期护理服务使用历史进行拼接，从而得到 HRS 群体老人完整的长期护理服务使用历史。本章在插值时使用的老人特征包括年龄、性别、婚姻状况、存在日常生活障碍的数量，以及是否正在使用护理院服务。本章从出生于1919—1923年AHEAD群体老人开始研究。他们在1998年（如前所述，由于HRS初始样本没有包括已经居住在护理院接受服务的老人，为使样本更具代表性，本章放弃了HRS的前两期数据，因此数据从1998年，即HRS的第三期调查开始）已经处于75—79岁的年龄段，在2010年如果还活着，已经87—91岁了。本章将这些老人的长期护理服务使用历史与出生于1931—1935年的HRS群体老人进行了拼接。这些HRS群体的老人在1996—2000年达到65岁，于2000年首次可以在数据中被观测到，并在2010年时达到75—79岁年龄段。为记录87—91岁之后老人使用长期护理服务的情况，本章还在之前拼接样本的基础上额外拼接了出生于1907—1911年的AHEAD群体老人，他们在1998年时处于87—91岁年龄段，在2010年如果还活着，将处于99—103岁年龄段（根据数据，此时仅有19位老人生存）。通过以上拼接，本章可以得到老人从65岁开始至死亡结束的完整长期护理服务使用历史。最后，本章还加入了死于75—79岁的老人样本（可以观测到他们65岁至死亡的长期护理服务使用历史）。

表3-1比较了利用拼接的老人长期护理服务使用历史计算的关于老人使用护理院服务的关键统计指标与Brown和Finkelstein（2008）汇报的，利用Robinson（2002）模型计算所得的对应统计指标。可以发现，本章利用拼接HRS数据计算的无条件平均护理院使用时间与Robinson模型的相近。以男性老人为例，本章利用拼接HRS数据计算的是0.37年，而Robinson模型得到的是0.35年。但是，本章利用拼接HRS数据计算的老人在未来需要护理院服务的概率要远高于Robinson模型的预测。继续以男性老人为例，Robinson模型预测老人在死亡前有27%的概率需要使用护理院服务，而本章计算出的对应比例为44%。在老人使用护理院服务的前提下，本章发现他们平均使用护理院服务的时长（条件均值）比Robinson模型预测的要低（Robinson为1.30年，拼接HRS数据为0.85年）。本章计算的全样本平均需要使用护理院服务的概率为52%，略低于Hurd等（2014）利用非参数估

计方法得到的53%，但是本章估计的在使用护理院服务的条件下，男性和女性老人使用护理院服务的平均时长都略高于 Hurd 等（2014）的估计。

表 3-1　Robinson 模型预测与 HRS 数据的长期护理服务需求对比

	男性		女性	
	Robinson	HRS	Robinson	HRS
死亡前需要护理院服务的概率	27%	44%	44%	58%
第一次使用护理院服务的年龄	83	80	84	82
平均需要护理院服务的时间	0. 35	0. 37	0. 88	0. 79
需要的前提下，平均需要护理院服务的时间	1. 30	0. 85	2. 00	1. 37
需要护理院服务超过 1 年的概率	33%	22%	42%	38%
需要护理院服务超过 3 年的概率	12%	8%	22%	16%
需要护理院服务超过 5 年的概率	5%	2%	12%	7%
从护理院康复的概率	65%	62%	66%	66%
终生只使用一次护理院服务的概率	75%	65%	65%	55%

资料来源：Robinson 统计指标引自 Brown 和 Finkelstein（2008）的表 1，HRS 统计指标为作者利用 HRS 拼接数据计算。

二、National Long - Term Care Survey（NLTCS）数据

本部分介绍了如何使用 National Long - Term Care Survey（NLTCS）数据中关于老人健康状态和长期护理服务使用的变量，并根据老人身体和精神的功能性损伤以及认知障碍定义他们的健康状态。这些健康状态将影响老人对长期护理服务的需求。保险公司也是利用类似的标准来确定老人是否能报销他们的长期护理服务费用。本章的下一节将根据老人的健康状况建模，预测他们的长期护理服务需求并与 HRS 数据中观察到的老人使用护理院服务的关键统计指标以及 NLTCS 数据

中观察到老人使用其他类型长期护理服务的关键统计指标进行匹配。

NLTCS 调查的是 65 岁及以上且使用过 Medicare 项目支付医疗费用的老人（基本上是所有老人）。样本具有全美代表性。NLTCS 同样是一个跟踪调查，在 1982 年、1984 年、1989 年、1994 年、1999 年和 2004 年共进行过 6 期。NLTCS 在 1982 年开始调查时的初始样本包括 20 485 人。NLTCS 的每两期调查之间大约会有 5000 名老人死亡。每期 NLTCS 也都会加入新达到 65 岁的老人以维持其样本量以及样本的全国代表性。

NLTCS 在调查中会询问老人关于其身体和认知障碍的详细问题。Robinson（2002）将长期护理服务需求定义为老人身体障碍数量（可以根据 NLTCS 汇报的日常生活障碍和工具性生活障碍数量确定）和认知障碍（在 NLTCS 中会直接报告）的函数。这种分类方式与长期护理保险的理赔方式紧密相关，也反映了 Robinson 模型的初始目标，即为保险公司和监管机构提供为长期护理保险定价的工具。一般保险公司会列出 5—6 种日常生活障碍。当购买了长期护理保险的老人存在 2 种及以上日常生活障碍时，保险公司将支付老人的长期护理服务费用（U. S. Department of Health and Human Services，2015）。值得提到的是，保险公司在确定价格时，会假设当老人存在一定数量的日常生活障碍或认知障碍时，他们就一定会使用长期护理服务（即所有符合理赔要求的老人都会充分利用长期护理保险支付长期护理服务费用），而保险公司则需要支付所发生的全部长期护理服务费用。

本章遵循 Robinson 的方法对老人的健康状态转移概率进行了建模，但为了在不同数据集之间更方便地进行比较，本章修改了基于工具性生活障碍数量和日常生活障碍数量的健康状态的定义。例如，根据 Robinson 的定义，很高比例和越来越多的老人面临工具性生活障碍，这与现实不符；Robinson 的定义也会导致老人的日常生活障碍数量随时间大幅下降，这也与其他作者的发现不同。在分析工具性生活障碍和日常生活障碍数量的阈值后，本章遵循 Robinson 的方法定义了 7 种逐渐恶化的健康状态：最好（不存在工具性生活障碍和日常生活障碍，且不存在认知障碍）；很好（存在至少1项工具性生活障碍，但不存在日常生活障碍，且不存在认知障碍）；好（存在1项日常生活障碍，但不存在认知障碍）；一般（存在2项日常生活障碍，但不存在认知障碍）；差（存在3项及以上日常生活障碍，但不存在认知障碍）；很差（存在不超过2项日常生活障碍，同时存在认知障碍）；最差（存在2项及以上日常生活障碍，同时存在认知障碍）。

三、老人健康状态及长期护理使用的趋势

本部分展示了老人的健康状态和长期护理服务需求随时间变化的趋势。表3－2展示了1984年和2004年NLTCS数据中不同年龄段的老人分别处于上述7种不同健康状态的比例。图3－1A和图3－1B分别展示了1984年和2004年不同年龄段处于完全健康状态（健康状态最好，不存在工具性生活障碍和日常生活障碍，且不存在认知障碍）的男性和女性老人比例。从图3－1中可见，2004年各年龄段处于最好健康状态的老人比例都比1984年更高，这个发现与文献一致。在1984年和2004年不同年龄段老人发生身体或认知障碍的比例也都有所下降，且最高龄老人下降最多。例如，1984年85—89岁年龄段的男性老人处于完全健康状态的比例为54.2%，2004年为68.2%。相同年龄段的女性老人处于完全健康状态的比例在1984年是42.0%，2004年为55.6%。男性老人在身体和认知障碍方面几乎得到了全方位的改善，各年龄段存在的工具性生活障碍和日常生活障碍的数量均有所减少，只是85岁以上年龄段存在认知障碍的概率稍有增加。女性老人的健康状态改善较小，虽然她们遭遇认知障碍的概率有所下降，但存在日常生活障碍的数量显著增加。

表 3－2　**1984 年和 2004 年不同年龄段老人的健康状态比较**

年龄段	65—69	70—74	75—79	80—84	85—89	90—94	95+	All 65+
年份	1984							
男性								
完全健康	90.9%	86.6%	81.0%	71.0%	54.2%	33.6%	2.8%	80.8%
存在 IADLs，但是没有 ADLs	5.4	7.5	10.9	15.0	20.9	22.1	28.9	10.0
没有认知障碍，同时：								
存在 1 项 ADL	1.1	1.5	1.3	3.0	5.0	9.2	20.7	2.0
存在 2 项 ADLs	0.5	0.6	0.8	0.9	2.6	5.6	8.4	0.9
存在 3 项以上 ADLs	1.1	1.5	2.7	4.0	8.2	11.1	16.0	2.7
存在认知障碍，同时：								
存在 ADL 数量少于 2 项	0.5	1.5	1.6	2.6	5.5	6.3	7.2	1.8
存在 2 项及以上 ADLs	0.5	0.8	1.7	3.5	3.6	12.1	16.0	1.8
女性								
完全健康	88.8%	83.5%	75.4%	61.0%	42.0%	22.8%	11.7%	71.0%
存在 IADLs，但是没有 ADLs	7.2	10.3	13.2	17.6	19.8	17.8	15.9	12.8
没有认知障碍，同时：								
存在 1 项 ADL	1.4	2.4	3.1	5.7	7.9	10.8	12.8	4.0
存在 2 项 ADLs	0.6	0.5	1.0	1.3	2.0	3.1	7.7	1.1

续表

年龄段	65—69	70—74	75—79	80—84	85—89	90—94	95+	All 65+
年份	1984							
女性								
存在3项以上ADLs	1.0	1.6	3.2	6.0	11.0	20.6	28.5	4.8
存在认知障碍，同时：								
存在ADL数量少于2项	0.5	1.0	2.6	4.2	8.8	9.1	6.8	3.1
存在2项及以上ADLs	0.5	0.7	1.5	4.2	8.5	15.8	16.6	3.2
年份	2004							
男性								
完全健康	94.4%	91.3%	85.9%	81.7%	68.2%	53.7%	32.4%	86.3%
存在IADLs，但是没有ADLs	3.5	4.2	5.1	7.2	14.2	19.3	30.8	6.0
没有认知障碍，同时：								
存在1项ADL	1.0	1.8	3.7	4.2	6.2	5.6	6.8	2.8
存在2项ADLs	0.2	0.1	1.2	1.5	1.7	7.1	2.6	0.9
存在3项以上ADLs	0.6	1.4	2.4	3.2	5.1	7.1	19.5	2.2
存在认知障碍，同时：								
存在ADL数量少于2项	0.2	0.7	1.1	1.1	3.5	3.4	5.2	1.0
存在2项及以上ADLs	0.1	0.5	0.7	1.2	1.1	3.8	2.7	0.7

续表

年龄段	65—69	70—74	75—79	80—84	85—89	90—94	95 +	All 65 +
年份	2004							
女性								
完全健康	90.4%	89.2%	82.0%	69.6%	55.6%	39.7%	20.1%	77.3%
存在 IADLs，但是没有 ADLs	4.4	4.6	7.6	11.8	14.3	18.9	15.8	8.4
没有认知障碍，同时：								
存在 1 项 ADL	3.3	3.6	4.9	8.0	9.9	11.4	10.7	5.8
存在 2 项 ADLs	0.7	0.8	1.4	1.5	3.0	4.6	4.5	1.5
存在 3 项以上 ADLs	0.8	1.4	2.4	5.0	11.3	15.1	32.0	4.4
存在认知障碍，同时：								
存在 ADL 数量少于 2 项	0.3	0.1	0.8	1.7	2.5	4.2	5.6	1.1
存在 2 项及以上 ADLs	0.2	0.2	1.0	2.3	3.3	6.2	11.4	1.5

注：计算中使用了 PNAS 权重。
资料来源：作者利用 NLTCS 数据计算。

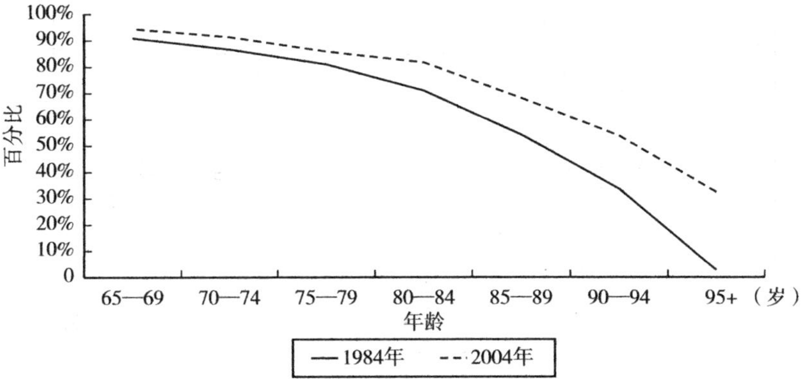

图 3 -1A　1984 年和 2004 年分年龄段处于健康状态男性老人的比例

注：计算中使用了 PNAS 权重。
资料来源：作者利用 NLTCS 数据计算。

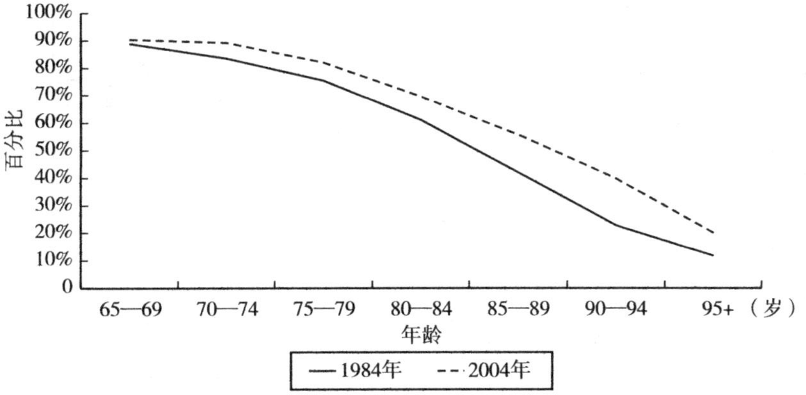

图 3 -1B　1984 年和 2004 年分年龄段处于健康状态女性老人的比例

注：计算中使用了 PNAS 权重。
资料来源：作者利用 NLTCS 数据计算。

类似地，表 3 -3 报告了 1984 年和 2004 年不同年龄段的老人正在使用不同类型长期护理服务（家庭护理服务、养老院服务和护理院服务，前者在老人的家中接受服务，后两者在护理机构接受服务，后两者的主要区别为机构是否提供全天候医疗护理，详见第二章介绍）的比例。图 3 -2A 和图 3 -2B 分别展示了 1984 年和 2004 年不同年龄段未使

表 3-3　　1984 年和 2004 年不同年龄段老人的长期护理服务需求比较

年龄段	65—69	70—74	75—79	80—84	85—89	90—94	95 +	All 65 +
年份	1984							
男性								
家庭护理服务	0.4%	0.8%	1.0%	2.3%	2.8%	7.8%	11.8%	1.3%
养老院服务	0.7	1.1	1.4	2.1	3.4	1.6	6.3	1.4
护理院服务	1.1	2.0	3.8	6.5	11.8	27.4	39.7	4.1
女性								
家庭护理服务	0.5%	0.8%	1.5%	2.1%	3.7%	5.7%	3.1%	1.7%
养老院服务	1.2	1.8	3.3	4.4	4.7	5.3	5.2	2.9
护理院服务	1.3	2.5	4.9	11.7	22.4	37.6	53.6	8.8
年份	2004							
男性								
家庭护理服务	0.5%	0.9%	1.2%	1.5%	2.1%	5.1%	4.3%	1.2%
养老院服务	0.1	0.4	0.6	1.6	3.1	3.1	8.1	0.9
护理院服务	0.5	1.1	2.3	4.0	5.9	11.5	20.6	2.4
女性								
家庭护理服务	1.0%	0.9%	1.3%	2.3%	3.2%	4.4%	7.4%	1.8%
养老院服务	0.4	0.3	0.9	2.2	4.8	7.2	14.0	1.8
护理院服务	0.2	1.2	2.9	6.2	14.9	21.4	31.3	5.2

注：计算中使用了 PNAS 权重和个人权重。
资料来源：作者利用 NLTCS 数据和 HRS 数据计算。

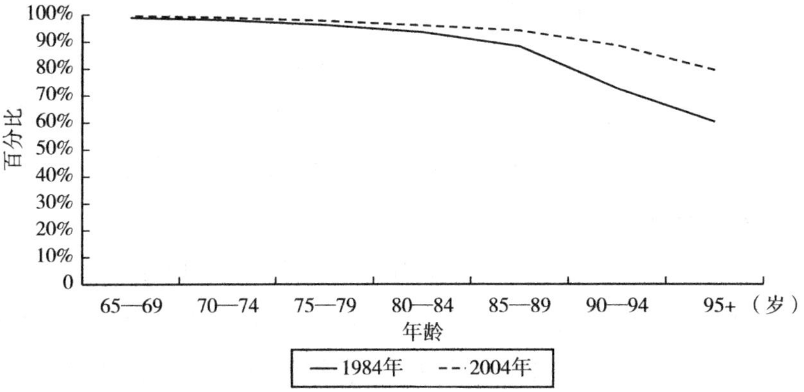

图 3-2A　1984 年和 2004 年不同年龄段没有居住在护理院的男性老人比例

注：计算中使用了 PNAS 权重和个人权重。
资料来源：作者利用 NLTCS 数据和 HRS 数据计算。

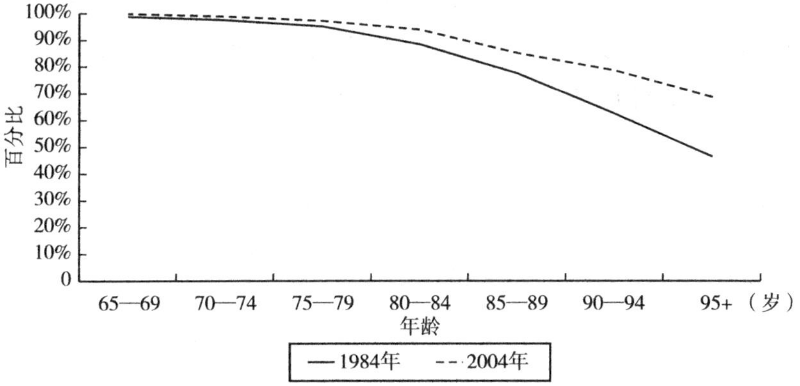

图 3-2B　1984 年和 2004 年不同年龄段没有居住在护理院的女性老人比例

注：计算中使用了 PNAS 权重和个人权重。
资料来源：作者利用 NLTCS 数据和 HRS 数据计算。

用护理院服务的男性和女性老人占总人口的百分比。可以发现，2004 年各年龄段的老人使用护理院服务的比例显著下降。1984 年，85—89 岁年龄段的男性老人居住在护理院的比例为 11.8%，2004 年降为 5.9%。1984 年，同年龄段的女性老人正在使用护理院服务的比例为 22.4%，2004 年降为 14.9%。总体来看，所有 65 岁及以上的老人在

1984 年至 2004 年居住在护理院的比例下降了 40%。此外，本章发现不同年份处于相同健康状态的老人使用护理院服务的倾向仅稍有降低（结果未展示），因此，老人使用护理院服务下降的原因更多是老人的健康状态随时间有所改善。值得注意的是，使用护理院服务的老人比例下降并不是由于护理院服务被家庭护理服务替代了。老人使用家庭护理服务的比例总体上保持稳定（老人的健康状态有所改善，但健康状况较好的老人使用家庭护理服务的倾向上升）。老人使用养老院服务的比例随时间的变化与年龄相关。年龄较小的老人使用养老院服务的比例下降，而年龄较大的老人使用养老院服务的比例则有所上升。

最后值得提到的是，如果不使用 HRS 中已死亡老人的信息（不使用 exit 调查数据以增加两个数据集的可比性），2004 年的 HRS 数据和同年的 NLTCS 数据计算的关于老人使用养老院服务和护理院服务的统计指标非常相似（均为横截面数据）。这个结果增强了本章结合两个不同的数据集来更新 Robinson 模型的可信程度。

第四节　模　　型

Robinson（2002）估计的长期护理状态转移矩阵展示了老人在不同年龄需要不同类型长期护理服务的概率，并被业界和学界广泛使用。模型主要分为两部分：第一部分使用三期 NLTCS 数据（1982 年、1984 年和 1989 年）拟合似然函数，估计老人的健康状态转移矩阵。第二部分使用两期 NLTCS 数据（1984 年和 1989 年），根据老人的健康状态估计老人需要各类长期护理服务的概率，还利用其他信息（医疗和保险数据等）对这些概率进行了事后调整，使其更符合长期护理需求的现实数据特征。与 Robinson 模型类似，本章的模型也分为两个部分，同时本章在估计中结合了两个数据集的优势：利用 NLTCS 数据可以得到更详细的关于老人健康状态的统计指标，而利用 HRS 的长面板数据可以计算更准确的老人终生使用护理院服务的统计指标。另外，本章在估计中还改进了根据身体障碍和认知障碍给老人健康状态分类的方法。

本节接下来将首先介绍本章估计健康转移矩阵的方法，其主要步骤与 Robinson 模型一致，但使用了更多期且更新的数据。考虑到数据显示的同年龄段老人的健康状况随时间显著改善，本章还在模型中加入了对时间趋势的估计。之后，本节将指出 Robinson（2002）的长期护理状态转移模型存在的问题以及给出本章估计长期护理需求概率的替代方法，其主要区别在于本章的方法同时匹配了很多描述老人使用养老院服务的统计指标，这使得本章模型的模拟数据能够与从 HRS 数据中观察到的老人从护理院康复（回到社区居住）的概率相匹配。

Robinson（2002）的模型和本章模型都忽略了可能影响长期护理服务需求的非健康因素，例如，老人的婚姻状况、与成年子女的亲近程度等。虽然这些因素可能会影响老人的长期护理安排，但 Byrne 等（2009），Hiedemann 等（2018），Pezzin 和 Schone（1999）等指出，这些因素都完全没有被用于长期护理保险的定价与理赔政策。此外，Costa Font 和 Courbage（2015）发现，存在家庭成员可以为老人提供非正式护理服务反而会促使老人购买长期护理保险。这是因为老人同时关心那些潜在非正式护理服务提供者的生活质量。最后，由家庭成员提供非正式长期护理服务的可能性还部分反映了老人的社会经济地位对长期护理服务需求的影响。将这些因素全部包含进模型会导致模型难度过大无法求解。

一、健康状态转移矩阵

第一步是使用前述定义按照存在身体与认知障碍的程度将 NLTCS 中的老人划分为八种健康状态：（1）最好，不存在工具性生活障碍和日常生活障碍，且不存在认知障碍；（2）很好，存在至少 1 项工具性生活障碍，但不存在日常生活障碍，且不存在认知障碍；（3）好，存在1项日常生活障碍，但不存在认知障碍；（4）一般，存在2项日常生活障碍，但不存在认知障碍；（5）差，存在3项及以上日常生活障碍，但不存在认知障碍；（6）很差，存在不超过2项日常生活障碍，同时存在认知障碍；（7）最差，存在2项及以上日常生活障碍，同时存在认知障碍；（8）已死亡。第二步是将相邻两期NLTCS数据（1982—1984年、1984—1989年等）的所有8种健康状态交叉列表，按年龄组（65—74岁、75—84岁和85岁及以上）和性别分别计算老人的健康状态转移概率（共6个类别）。

本章利用极大似然估计方法估计健康状态转移矩阵。矩阵中的概率是年龄、性别和时间趋势的函数。每个矩阵共包含56个概率（从7个初始健康状态转移至8个最终健康状态）。模型形式如下：

$$r_{ij}(s, x, y) = \exp\left[a_{ij} + b_{k\in\{i,j\}}(s-0.5) + c_{k\in\{i,j\}}\frac{x-80}{100} + d_{k\in\{i,j\}}(y-1982) + \varepsilon_{ij}\right] \quad （式3-1）$$

其中，$r_{ij}(s, x, y)$ 是年龄为 x、性别为 s 的老人在 y 年从状态 i 过渡到状态 j 的年化转移速率。a_{ij}是健康状态转换的基线概率，估计过程中对 a_{ij}的49个可能取值没有任何约束。为降低估计参数的数量、增加估计的准确度，本章与Robinson模型保持一致，将其他参数值限制为大类转移概率。性别调整参数 $b_{k\in(i,j)}$ 可以根据 i 和 j 的大小取三个值：首先是当 $i>j$ 时，即老人健康状态有所改善时，b 可以取一个值；其次是 $j=8$ 时，即老人死亡时，b 可以取另外一个值；最后是当 i 和 j 为其他组合时，即老人的健康状态与之前一样或变得更差，但没有死亡时，b 可以取第三个值。这些对基线概率的调整可以使男性和女性老人在健康状态恶化、健康状态改善和死亡时分别面临不同的健康状态转移概率。年龄调整参数 $c_{k\in\{i,j\}}$ 可以根据 i 和 j 的大小取5个值，其中3个的分类与性别调整参数相同，另外还有从最好的健康状态（$i=1$）直接死亡

($j=8$) 时和从最好的健康状态转移到其他健康状态时的取值。假设残差项 ε_{ij}服从正态分布。

与 Robinson 模型相比，本章在估计过程中加入了更多期的 NLTCS 数据，所以对老人健康状态的长期变化进行控制是非常重要的。在理想的情况下，模型应该分别根据每年的数据进行估计，并允许所有 a_{ij}、b_{ij} 和 c_{ij}系数随时间变化，但由于估计的参数数量过大，从而导致估计的参数值极不稳定。因此作为替代，本章在模型中加入了线性时间趋势参数 d_k，与前述参数 b_k 一样，其在死亡、健康状况改善和其他类型健康状态转移时分别取不同值。时间趋势对模型的估计结果存在重要影响。数值模拟的结果显示（未汇报），如果根据仅利用 1984 年 NLTCS 数据估计的健康状态转移矩阵计算，健康的 65 岁男性老人中将有 16.9% 在 85 岁时仍然保持健康状态，67.4% 在 85 岁时已死亡。而根据仅利用 2004 年 NLTCS 数据估计的健康状态转移矩阵计算，老人在 85 岁时仍然保持健康状态的比例为 21.0%，死亡率为 63.7%。因此随着时间推移，老人维持健康状态的比例将增加，同时死亡概率将降低。

二、Robinson 模型的问题

为了与长期护理需求的数据特征相匹配，Robinson（2002）对估计的长期护理服务需求概率进行了特定的事后调整，而本章则选择了更系统的方法来将健康状态变化与长期护理需求联系起来。两个模型最主要的差异来自对老人使用护理院服务的处理。本章修正了前述 Robinson 统计模型中导致老人平均护理院服务需求时间过长的错误，还利用了 HRS 数据中的关于老人使用护理院服务的信息，其比 NLTCS 数据提供了更多关于护理院服务使用的统计指标，可以使估计更准确。

为了将健康状态转移矩阵转化为长期护理需求矩阵，Robinson 首先根据健康状态转移矩阵模拟了 100 000 个老人的终生月健康状态历史，使每个年龄处于每种健康状态的老人比例与数据一致。其次，

Robinson（2002）基于老人的健康状态，从护理院服务开始分步估计了老人使用各种类型长期护理服务的概率，每一步都使用逻辑回归（logistic regression）估计在给定年龄、性别和健康状况的情况下老人使用某类型长期护理服务的概率。再次，Robinson（2002）从均匀分布[0，1]中为每个老人抽取一个随机数字作为老人的永久阈值，每个月根据阈值和逻辑回归中估计的概率来确定老人在当月是否需要使用并且使用哪类长期护理服务。如果阈值超过根据老人年龄、性别和健康状况所计算的使用护理院服务和养老院服务的总倾向（概率和），老人就被认定留在社区接受家庭护理服务。一旦使用各类机构长期护理服务的概率由于年龄增长或健康状态恶化增长到阈值之上，老人就被认定需要该类长期护理服务。健康状况的改善可以使老人摆脱机构护理状态，返回社区的家中居住。通过加总所有老人的护理服务需求模拟路径信息，可以得出老人在某个年龄需要某类型长期护理服务的概率。Robinson（2002）没有单独估计老人需要家庭护理服务的概率，而是假设如果面临日常生活障碍的老人没有居住在养老院或护理院，则他们就一定会需要家庭护理服务。

缺乏足够的护理院康复率是Robinson模型中存在的核心问题。由于老人的健康状况通常随老人年龄的增长而恶化，因此，Robinson模型中的老人很少从需要护理院服务的长期护理状态康复，但是在现实中，即使老人的健康状况没有变化，也有一些老人从护理院返回社区居住，例如，老人进入护理院接受服务只是为了让提供非正式护理的家庭成员短暂休息，或者老人因普通疾病住院，在护理院恢复一段时间后返回社区居住等。Robinson模型还包括一个随着老人接受护理院服务次数而变化的调整因子。该因子会增加当老人首次遭受日常生活障碍时需要护理院服务的可能性，同时降低老人长期面临相同日常生活障碍时需要护理院服务的概率。但是，此因子并不是由模型估计得出，而是外生根据经验确定的。

从 Robinson（2002）和 Hurd 等（2014）结果的差异可以判断，Robinson 模型未能准确地估计老人从护理院康复的概率。本章通过匹配额外的关于老人使用护理院服务频率，以及每次使用护理院服务时间的统计指标解决了这个问题。

三、新的长期护理需求矩阵

本章与 Robinson（2002）估计老人对长期护理服务需求的步骤类似，即依次确定老人使用每种长期护理服务的概率。但是本章的优势在于构建了一个可以同时匹配许多老人使用护理院服务关键统计特征的系统性模型，来预测老人需要护理院服务的概率，而不是简单地使用逻辑回归来预测老人需要护理院服务的概率，并进行事后调整。这使得本章的模型不仅可以较好地匹配所有老人平均使用护理院服务的时间（无条件均值），还可以刻画老人进入护理院、居住在护理院接受服务和康复返回社区的典型统计特征。

与 Robinson 模型一致，本章估计长期护理需求矩阵的第一步是基于健康状态转移矩阵模拟 100 000 个老人的终生月健康状态记录。第二步是为每个年龄和每一种健康状态转移的情况（共 $7\times8=56$ 种）构建一个 4×5 的长期护理状态转移矩阵。老人在 t 期生存且处于前述 7 种健康状态之一，在 $t+1$ 期则有 8 种可能的健康状态（前述 7 种和已死亡）。同样，老人在 t 期可能需要 3 种不同类型的长期护理服务之一，即老人在 t 期有 4 种长期护理状态，分别为：（1）居家，不需要长期护理服务；（2）居家，需要家庭护理服务；（3）需要提供辅助生活设施的养老院服务；（4）需要提供必要医疗设施的护理院服务。老人在 $t+1$ 期则有 5 种可能的长期护理状态（上述 4 种和已死亡）。因此，模型理论上对每个年龄都需要估计 1 120 个（$7\times8\times4\times5$）不同的概率，但实际上，这些概率中的一部分已经确定了，不用再重复估计。例如，如果一个老人在 t 期和 $t+1$ 期之间从“存在 2 种日常生活障碍”的健康状态转移到“已死亡”的健康状态，那么他的初始长期护理状态就肯定不可能是“居家，不需要长期护理服务”或“已死亡”，并且他必须从“需要某类型长期护理服务”的长期护理状态转移到“已死亡”的长期护理状态，其他长期护理状态之间的转移永远不会发生。再举一个例子，一个在 t 期健康状态为“最好，不存在工具性生活障碍和日常生活障碍，且不存在认知障碍”的老人的长期护理状态必须也为“居家，不需要长期护理服务”。另一个值得提到的问题是，HRS 和 NLTCS 的数据显示，虽然一些老人正在护理院接受长期护理服务，但是他们在调查中只汇报了 1 项日常生活障碍。导致这种情况发生的一个可能原因是老人报告了错误的日常生活障碍的数量。本章没有尝试纠正这个可能存在的测量误差，而是选择允许只有 1 项日常生活障碍的老人有概率需要护理院服务。总地来说，本章需要估计的条件转移概率共计 411 个。

第三步关注需要护理院服务的长期护理状态，确定老人在 t 期到 $t+1$ 期之间进入或留在护理院的概率。本章使用模拟矩估计方法，通过最小化利用模拟的老人终生使用长期护理服务历史计算的模拟矩和利用 HRS 数据中关于老人使用护理院服务的真实数据计算的数据矩之间距离的加权平方来估计模型中的参数。老人的模拟终生长期护理记录是通过将长期护理需求矩阵应用到模拟终生健康状态记录来创建的。

为匹配老人使用护理院服务的所有关键统计特征，本章利用 HRS 数据计算了以下的统计指标（在 HRS 数据中将 65 岁以上的老人按性别分组后可以分别计算这些统计指标）：

- 一生中使用过护理院服务的概率；
- 在使用过护理院服务的前提下，首次使用护理院服务的平均年龄；
- 在使用过护理院服务的前提下，平均使用护理院服务的时间；
- 在使用过护理院服务的前提下，使用护理院服务超过 1，2，3，…，7 年的条件概率；

- 从护理院康复返回社区居住的概率；
- 一生中仅使用过 1 次护理院服务的概率；
- 一生中使用过 2 次、3 次护理院服务的概率。

这些统计指标包括了在表 3－1 中展示的 Ameriks 等（2011）研究老人退休后的消费和储蓄决策时所使用的 8 个统计指标。除此之外，本章还添加了更多的统计指标以刻画老人使用护理院服务的完整时间分布以及老人多次使用护理院服务的概率。

本章的模型假设如果老人在 $t+1$ 期时处于健康状态 1，2 或 8，那么他们在 $t+1$ 期一定不需要护理院服务（概率为零）；如果老人在 $t+1$ 期时处于健康状态 3，4，5，6 或 7 时，则他们在 $t+1$ 期需要护理院服务的概率大于零。另外，如果老人在 t 期不需要护理院服务，则他们在 $t+1$ 期需要护理院服务的概率就完全取决于他们在 t 期和 $t+1$ 期的年龄和健康状态，与他们在 t 期的长期护理状态无关。老人需要护理院服务的模型为：

$$\frac{1}{1+e^{-(\beta_3 h_3+\beta_4 h_4+\beta_5 h_5+\beta_6 h_6+\beta_7 h_7+\beta_8 ADL+\beta_9 CI+\beta_{10}(AGE-65))}} \qquad \text{（式 3－2）}$$

其中，h_3，h_4，h_5，h_6，h_7 是描述老人在 $t+1$ 期健康状态的虚拟变量。如果老人在 $t+1$ 期时健康状态分别为 3，4，5，6 或 7，则 h_3，h_4，h_5，h_6，h_7 分别为 1，否则为 0。如果老人在 t 期不存在日常生活障碍，但在 $t+1$ 期时存在不小于 1 种日常生活障碍，则虚拟变量 ADL 为 1，否则为 0。类似地，如果老人在 t 期时不存在认知障碍，但在 $t+1$ 期出现认知障碍，则虚拟变量 CI 为 1，否则为 0。AGE 指老人在 t 期的年龄。因为对每种健康状态变化都重新估计系数计算量过大，所以本章选择重点关注当老人健康状态严重恶化（从不存在到出现日常生活障碍或认知障碍）时的情况，这理论上是老人最容易需要长期护理服务的时刻。

除此之外，本章还对模型中的系数施加了以下限制：$\beta_5 \geqslant \beta_4 \geqslant \beta_3$，即存在更多日常生活障碍的老人需要护理院服务的概率不低于日常生活障碍数更少的老人；$\beta_7 \geqslant \beta_6$，即在存在认知障碍的前提下，存在至少2项日常生活障碍的老人需要护理院服务的概率不低于存在0—1项日常生活障碍的老人；$\beta_6 \geqslant \beta_3$，即存在认知障碍，并存在0—1项日常生活障碍的老人需要护理院服务的概率不低于不存在认知障碍，并存在1项日常生活障碍的老人；$\beta_7 \geqslant \beta_4$，即存在认知障碍，并存在2项以上日常生活障碍的老人需要护理院服务的概率不低于不存在认知障碍，并存在2项日常生活障碍的老人。此外，β_8 和 β_9 刻画了当健康状态突然严重恶化时，老人会有更大概率需要护理院服务。最后，模型以类似的方式估计了老人从护理院康复并返回社区居住的概率，但是在康复模型中不存在 β_8 和 β_9 两项。

第四步是估计老人需要养老院服务的概率。本章限制只有存在2个及以上日常生活障碍或认知障碍，但不需要护理院服务的老人才有需要养老院服务的可能（概率大于0）。另外，本章假设当老人从需要养老院服务的长期护理状态转移时只有两种可能，他们可能需要进入护理院以得到更多的医疗服务，或死亡。这是因为老人通常会卖掉他们的房子来支付养老院服务的费用，所以他们基本不会从养老院返回社区居住。通过模拟老人进入和离开养老院的概率，本章可以使模型预测的老人在5年间需要养老院服务的比例与通过NLTCS数据计算的比例相等。

第五步是假设如果存在2种或以上日常生活障碍的老人或具有认知障碍的老人既不需要护理院服务，也不需要养老院服务，那么他们一定需要家庭护理服务。

通过上述五步计算可以得到随老人的年龄、性别以及健康状态的变化而变化的长期护理状态转移概率。最后一步即为利用上述信息，使用蒙特卡洛模拟来计算老人的无条件长期护理需求矩阵。这些随年龄和性别变化的矩阵可用于只需要长期护理需求的研究。

第五节 结　　果

一、健康状态转移矩阵

本节首先汇报利用极大似然方法估计的健康状态转移矩阵。模型中的参数（方程1中的参数）表明年龄、性别和时间趋势如何影响老人从一种健康状态转移到另一种健康状态的概率。本章利用自助法（bootstrap）计算了这些参数的置信区间。参数中除了从存在2种日常生活障碍的健康状态到已死亡状态的概率（参数 a_{58}），健康状态改善概率的男女差异（b_{ij}矩阵的下三角参数）以及从非健康的其他健康状态至已死亡状态的时间趋势（d_{ij}矩阵的最后一列参数）外，其他所有参数均在1%显著性水平下统计显著。

表3－4展示了这些参数具体的估计值。由于这些参数很难被单独解释，因此本节主要关注模型估计的健康状态转移概率是否与数据相匹配。表3－5的上下两部分分别展示了利用NTLCS数据计算和利用模型拟合的1999年处于75—84岁年龄段的女性老人在1999—2004年的健康状态转移矩阵。矩阵的每一行相加均为100%。总体而言，模型预测值与真实数据观测值非常接近。例如，NLTCS数据显示，1999年不存在日常生活障碍和认知障碍的女性老人有49.7%的概率在2004年仍然会保持最好的健康状态（不存在工具性生活障碍和日常生活障碍，且不存在认知障碍），模型拟合的比例为52.1%。1999年处于最好健康状态的老人在2004年最可能转移到的非完全健康状态是很好（健康状态2，不存在认知障碍，不存在日常生活障碍，至少存在1种工具性生活障碍）。NTLCS数据中显示的概率为22.6%，模型估计的概率为19.0%。

第二可能转移到的非完全健康状态是已死亡，根据 NTLCS 数据计算的概率为 15.3%，模型预测的概率为 16.9%。最后可以发现，在 1999 年处于健康状态 3（不存在认知障碍，存在 1 项日常生活障碍）的老人，部分恢复了完全健康（NTLCS 数据显示的概率为 14.4%，模型预测的概率为 9.9%）。

表 3-4　　健康状态转移模型参数估计

t 期健康状态	t+1 期健康状态，j							
	1	2	3	4	5	6	7	8
aij								
1		-2.660	-4.799	-9.090	-4.099	-4.789	-7.502	-3.222
2	-3.487		-1.839	-3.811	-6.673	-3.257	-4.093	-1.952
3	-3.119	-0.629		-1.453	-3.441	-2.376	-9.195	-1.243
4	-9.426	-3.922	-0.607		-0.792	-5.007	-1.218	-2.201
5	-9.794	-2.656	-7.209	-2.101		-9.271	-0.382	0.091
6	-6.788	-2.009	-1.842	-4.848	-6.412		-1.353	-1.778
7	-8.503	-9.161	-7.566	-9.209	0.353	-4.074		-8.308
bij								
1		0.087	0.087	0.087	0.087	0.087	0.087	-0.612
2	0.037		0.087	0.087	0.087	0.087	0.087	-0.612
3	0.037	0.037		0.087	0.087	0.087	0.087	-0.612
4	0.037	0.037	0.037		0.087	0.087	0.087	-0.612
5	0.037	0.037	0.037	0.037		0.087	0.087	-0.612
6	0.037	0.037	0.037	0.037	0.037		0.087	-0.612
7	0.037	0.037	0.037	0.037	0.037	0.037		-0.612

续表

t 期健康状态	t+1 期健康状态，j							
	1	2	3	4	5	6	7	8
cij								
1		8.950	8.950	8.950	8.950	8.950	8.950	1.742
2	-2.019		2.729	2.729	2.729	2.729	2.729	4.482
3	-2.019	-2.019		2.729	2.729	2.729	2.729	4.482
4	-2.019	-2.019	-2.019		2.729	2.729	2.729	4.482
5	-2.019	-2.019	-2.019	-2.019		2.729	2.729	4.482
6	-2.019	-2.019	-2.019	-2.019	-2.019		2.729	4.482
7	-2.019	-2.019	-2.019	-2.019	-2.019	-2.019		4.482
dij								
1		-0.004	-0.004	-0.004	-0.004	-0.004	-0.004	0.000
2	0.022		-0.004	-0.004	-0.004	-0.004	-0.004	0.000
3	0.022	0.022		-0.004	-0.004	-0.004	-0.004	0.000
4	0.022	0.022	0.022		-0.004	-0.004	-0.004	0.000
5	0.022	0.022	0.022	0.022		-0.004	-0.004	0.000
6	0.022	0.022	0.022	0.022	0.022		-0.004	0.000
7	0.022	0.022	0.022	0.022	0.022	0.022		0.000

资料来源：作者计算。

表 3-5　模型预测与通过 NLTCS 数据计算的健康状态转移矩阵比较，女性，75—84 岁年龄段，1999—2004 年

1999 年健康状态	2004 年健康状态							
	样本量	1. 最好	2. 很好	3. 好	4. 一般	5. 差	6. 很差	7. 最差	8. 已死亡
	NLTCS 数据								
1. 最好	3 587	49.7%	22.6%	5.2%	1.1%	3.0%	1.6%	1.6%	15.3%
2. 很好	731	3.9	34.2	7.9	2.1	7.2	1.1	2.8	40.8
3. 好	188	14.4	24.5	11.7	6.7	6.2	3.5	1.0	32.0

续表

1999 年健康状态	2004 年健康状态								
	样本量	1. 最好	2. 很好	3. 好	4. 一般	5. 差	6. 很差	7. 最差	8. 已死亡
	NLTCS 数据								
4. 一般	48	1.3	19.5	2.9	0.0	14.0	0.0	0.0	62.2
5. 差	140	1.0	5.7	0.0	1.8	13.1	0.9	0.0	77.4
6. 很差	16	1.7	19.9	8.0	1.2	11.7	1.2	6.0	50.3
7. 最差	22	0.0	6.1	0.0	3.8	11.2	0.0	2.3	76.6
模型预测									
1. 最好		52.1	19.0	3.6	1.1	3.5	2.0	1.8	16.9
2. 很好		10.7	35.3	7.2	2.3	5.3	3.5	3.0	32.7
3. 好		9.9	30.0	6.5	2.2	6.0	3.2	3.3	38.9
4. 一般		5.6	21.3	5.1	2.3	8.3	2.3	4.2	51.0
5. 差		2.2	10.9	2.8	1.7	7.9	1.2	3.9	69.3
6. 很差		5.6	24.2	5.9	2.4	8.7	4.2	4.7	44.3
7. 最差		2.0	11.2	3.0	1.9	9.5	1.2	4.7	66.3

资料来源：作者计算。

二、长期护理服务需求矩阵

表 3－6 的上下两部分分别报告了男性和女性老人护理院服务需求模型的参数估计值（方程 2 中的参数）。这些参数的置信区间仍然由自助法计算，并且所有参数都在 1% 的显著性水平下统计显著。与预期一致，当老人首次发生日常生活障碍或日常生活障碍数量上升时，老人需要护理院服务的概率会变大。如果在健康状态发生变化时老人已经在接受护理院服务，则他们继续在护理院接受服务的概率会增加。男性的系数高于女性。控制老人的日常生活障碍数量不变（大于 0），出现认知障碍也会增加老人需要或保持护理院服务的概率，且同样对男性的影响大于女性。

表 3－6　　　　　护理院服务需求模型参数估计

	男性	进入	维持停留
β_3	无人知障碍，1 项日常生活障碍	－6. 535	－7. 261
β_4	无人知障碍，2 项日常生活障碍	－6. 442	－5. 916
β_5	无人知障碍，3 项及以上日常生活障碍	－6. 163	－4. 380
β_6	认知障碍，0—1 项日常生活障碍	－6. 079	－5. 607
β_7	认知障碍，2 项及以上日常生活障碍	－5. 877	－3. 269
β_8	首次发生日常生活障碍	6. 218	
β_9	首次发生认知障碍	0. 514	
β_{10}	年龄	0. 058	0. 411
	女性	进入	维持停留
β_3	无人知障碍，1 项日常生活障碍	－6. 302	－7. 801
β_4	无人知障碍，2 项日常生活障碍	－5. 271	－5. 509
β_5	无人知障碍，3 项及以上日常生活障碍	－3. 399	－5. 232
β_6	认知障碍，0—1 项日常生活障碍	－5. 138	－6. 826
β_7	认知障碍，2 项及以上日常生活障碍	－5. 036	－3. 347
β_8	首次发生日常生活障碍	5. 500	
β_9	首次发生认知障碍	0. 509	
β_{10}	年龄	0. 017	0. 420

资料来源：作者计算。

表 3－7 比较了利用模型模拟与通过 HRS 数据计算的关于老人使用护理院服务的各项关键统计指标。两者的统计特征非常相似。例如，模型预测与 HRS 数据均发现，44% 的 65 岁男性老人和 58% 的 65 岁女性老人在死亡前会需要使用护理院服务。在使用护理院服务的前提下，模型预测男性老人首次使用护理院服务的平均年龄比数据中稍高，而女性老人则完全一样（模型预测男性老人首次使用护理院服务的平均年龄为 81 岁，HRS 数据则为 80 岁；模型预测和 HRS 数据均发现，女性老人首次使用护理院服务的平均年龄为 82 岁）。同样在使用护理院服务的前提

下，模型预测男性老人居住在护理院超过 1 年的概率为 26%，也比 HRS 数据中的 22% 稍高，女性老人则再次是一样的（38%）。模型与数据中男性老人终生只使用 1 次护理院服务的概率分别为 69% 和 65%，女性老人分别为 57% 和 55%，均非常相近。模型预测的男性老人终生使用护理院服务的平均时间是 0.38 年（无条件均值，HRS 数据为 0.37 年），女性老人终生使用护理院服务的平均时间是 0.83 年（HRS 数据为 0.79 年）。模型高估了老人可以从接受护理院服务的长期护理状态恢复健康并返回社区居住的概率，其中，模型预测男性和女性老人的康复概率分别为 77% 和 78%，但 HRS 数据显示为 62% 和 66%。

表 3-7　模型模拟与通过 HRS 数据计算的使用护理院服务的统计指标

统计指标	男性		女性	
	HRS 数据	模型模拟	HRS 数据	模型模拟
一生中需要护理院服务的概率	0.44	0.44	0.58	0.58
在使用过护理院服务的前提下：				
平均首次使用护理院服务的年龄	80	81	82	82
平均使用护理院服务的时间	0.85	0.88	1.37	1.39
使用护理院服务超过 1 年的概率	0.22	0.26	0.38	0.38
使用护理院服务超过 2 年的概率	0.15	0.13	0.25	0.23
使用护理院服务超过 3 年的概率	0.08	0.07	0.16	0.14
使用护理院服务超过 4 年的概率	0.05	0.04	0.11	0.09
使用护理院服务超过 5 年的概率	0.02	0.02	0.07	0.06
使用护理院服务超过 6 年的概率	0.02	0.01	0.04	0.04
使用护理院服务超过 7 年的概率	0.01	0.00	0.02	0.02
康复返回社区居住的概率	0.62	0.77	0.66	0.78
一生中仅使用 1 次护理院服务的概率	0.65	0.69	0.55	0.57
一生中使用 2 次护理院服务的概率	0.21	0.21	0.25	0.26
一生中使用 3 次护理院服务的概率	0.07	0.07	0.12	0.11

资料来源：作者计算。

本章的模型共创建了 46 个无条件长期护理状态转移矩阵（从 65 岁到 110 岁每个年龄 1 个）和 2 576 个条件转移矩阵（每个年龄和每种健康状态变化 1 个）。例如，一个 85 岁正在接受家庭护理服务的男性老人有 85. 9% 的概率在接下来的一个月继续居家接受长期护理服务，有 5. 1% 的机会不需要长期护理服务（恢复到完全健康的状态），有 6. 4% 的概率需要养老院服务，有 0. 5% 的概率需要护理院服务，还有 2. 1% 的概率死亡。

三、新长期护理需求矩阵对长期护理保险理论价值的影响

新的长期护理状态转移矩阵有助于解释为什么老人对长期护理保险的需求不高。应用新矩阵后，本章发现老人从三个方面对长期护理保险的需求产生了显著下降：第一，保险合约预期赔付金额的现值下降，所需支付保费的现值上升，这两个因素同时减少了长期护理保险合约的现金价值（money'worth）；第二，出现极端长期护理服务费用（极高费用）的概率下降，这降低了风险厌恶型消费者对保险合约的支付意愿；第三，公共健康保险 Medicare 支付了更多的长期护理服务费用。

首先，本节从长期护理保险合约的现金价值的角度解释为什么老人对长期护理保险的需求受新长期护理状态转移矩阵影响。老人对一份特定保险合约的需求取决于保险合约的现金价值，定义为保险合约预期赔付金额的现值（当老人对长期护理服务需求增加时会上升）除以预期支付保费的现值（因为当老人正在接受长期护理服务时不须缴纳保费，所以预期支付保费的现值会随老人需要长期护理服务时间的增加而下降）。本章重新计算了 Brown 和 Finkelstein（2007）中典型长期护理保险合约（日赔付上限 100 美元，终生理赔期限 3 年，3 个月等待期，无通货膨胀保护）的现金价值。在 Brown 和 Finkelstein（2007）中，作者利用 2002 年的长期护理保险保费数据和 Robinson 长期护理状态转移矩阵计算发现，典型长期护理保险合约对男性老人的现金价值为 0. 50，

对女性老人的现金价值为1.06。这说明2002年的典型长期护理保险合约从精算上对男性是不公平的，对女性则比公平略好（主要是由于2002年长期护理保险的保费没有性别差异，同时女性使用长期护理服务的概率更大且时间更长）。利用Brown和Finkelstein（2007）中提供的典型长期护理保险合约和保费数据，但利用本章新估计的长期护理需求矩阵，本章计算出同样的典型长期护理保险合约对男性和女性老人的现金价值分别下降0.39和0.79。两个原因导致了典型长期护理保险合约的现金价值显著下降：第一，老人所须支付保费的预期现值增加。以男性老人为例，由于在新的长期护理需求矩阵中他们保持健康状态（不需要长期护理服务）的平均时间比Robinson模型中增加了18个月，因此他们所须支付保费的预期现值增加了5.5%。第二，保险合约预期理赔额的现值下降。同样以男性老人为例，典型长期护理保险合约为他们长期护理服务费用报销金额的现值降低了17%，这主要是他们需要家庭护理服务的概率下降（处于存在日常生活障碍或认知障碍的健康状态的概率降低），同时对养老院服务的需求上升所共同产生的结果。这些结果导致不管老人的风险偏好如何，长期护理保险合约对他们的价值都下降了。

接下来，本章考虑长期护理保险合约现金价值的降低以及新长期护理需求矩阵如何影响风险厌恶的理性老人对长期护理保险的需求。新矩阵和Robinson矩阵在老人对护理院服务需求的分布维度存在显著差异：Robinson模型认为，老人对护理院服务的需求是低概率、高费用事件，而根据新矩阵的估计，此为高概率、低费用事件。本章利用Brown和Finkelstein（2008）中构建的动态生命周期模型，但使用本章估计的长期护理需求矩阵重新计算了老人对典型长期护理保险合约的支付意愿。本章在计算中保留了Brown和Finkelstein（2008）中所有的参数值，以保证两者的结果更容易被比较。

动态优化模型从老人65岁时开始计算，此时老人身体健康且已退休，暂时不需要任何长期护理服务，但是老人在之后的每个月都面临着在前述五种不同长期护理状态（不需要长期护理服务、需要家庭护理服务、需要养老院服务、需要护理院服务、已死亡）之间转移的概率。长期护理需求矩阵中的概率随年龄和性别而变化。模型中的老人每期选择消费金额，以最大化他们的预期终生效用。模型非常细致地刻画了公共健康保险 Medicaid（包括理赔条件、理赔额度等），因为 Medicaid 的存在会使老人对长期护理保险的支付意愿产生显著变化。模型假设老人的时间偏好率为 3%。风险厌恶系数为 3。

本章利用数值解方法，计算了处于资产分布不同位置的单身老人对典型长期护理保险合约的支付意愿。支付意愿的计算方法为：首先，假设老人购买了长期护理保险，计算他们的最优消费和资产消耗路径，并标注最大化的预期终生效用。之后，假设老人无法再购买长期护理保险，重新计算老人的最优消费和资产消耗路径。老人对长期护理保险的支付意愿即不能购买长期护理保险的老人在 65 岁时额外需要的资产数量，从而使他们的预期终生效用可以与购买了长期护理保险的老人的预期终生效用相等。如果支付意愿为负，则意味着老人愿意付出一定代价来摆脱购买长期护理保险的责任，他们的最优选择就是不购买长期护理保险。

图 3－3A 和图 3－3B 展示了处于资产百分位第 30 位及以上的单身男性和女性老人对典型长期护理保险合约的支付意愿。图中的三条线分别展示了使用 Robinson 矩阵所计算的支付意愿，以及使用本章估计的新长期护理需求矩阵所计算的两种支付意愿，其中一种没有考虑公共健康保险 Medicare 的影响，另一种 Medicare 将支付老人的一部分（短期）长期护理服务费用。在使用 Robinson 矩阵计算的模型中（未包括 Medicare），处于资产百分位第 90 位的单身男性老人愿意为长期护理保险支付 24 600 美元。当使用本章估计的新长期护理需求矩阵进行同样的计算时，他们对相同保险合约的支付意愿下降 3 700 美元。因为需要长期护理服务的概率更高且使用长期护理服务的时间更长，女性老人比男性老人对长期护理保险合约的支付意愿更高。当使用 Robinson 矩阵进行计算时，36% 的男性老人和 40% 的女性老人应该选择购买长期护理保险（支付意愿大于 0）。当改为使用本章新估计的长期护理需求矩

阵进行同样的计算时，只有5%的男性和21%的女性老人的最优决策是继续购买长期护理保险。

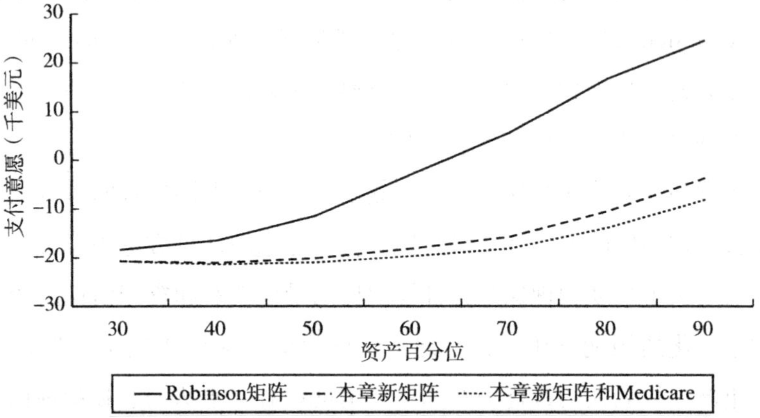

图3-3A　不同资产的男性老人对典型长期护理保险合约的支付意愿

注：计算支付意愿时分别应用了Robinson长期护理需求矩阵、本章估计的新长期护理需求矩阵和本章估计的新长期护理需求矩阵，并同时考虑公共健康保险Medicare的影响。未汇报资产百分位第30位及以下老人的支付意愿，是因为他们为了不购买长期护理保险愿意放弃所有金融资产。

资料来源：作者计算。

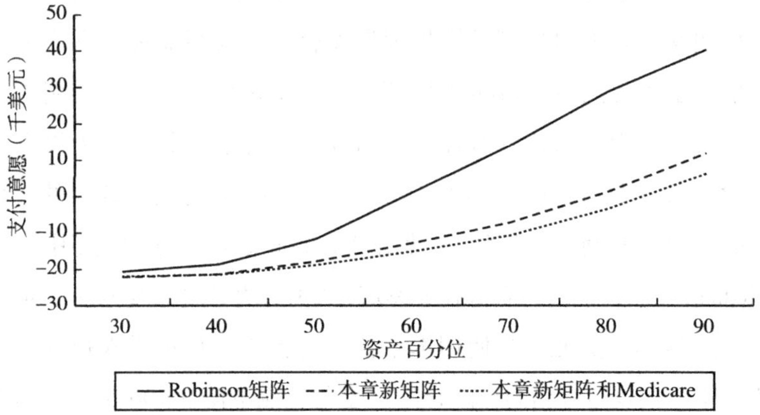

图3-3B　不同资产的女性老人对典型长期护理保险合约的支付意愿

注：计算支付意愿时分别应用了Robinson长期护理需求矩阵、本章估计的新长期护理需求矩阵和本章估计的新长期护理需求矩阵，并同时考虑公共健康保险Medicare的影响。未汇报资产百分位第30位及以下老人的支付意愿，是因为他们为了不购买长期护理保险愿意放弃所有金融资产。

资料来源：作者计算。

另外，本章发现新长期护理需求矩阵中对护理院服务需求模式的改变，导致公共健康保险 Medicaid 支付了更多老人的长期护理服务费用，且与老人初始拥有的资产数量无关。例如，收入百分位第 90 位的老人利用 Medicaid 支付长期护理服务费用的比例从 3.7% 增长到了 6.2%。处于收入中位数的老人使用 Medicaid 支付长期护理服务费用的比例也从 28.2% 增长到了 32.5%。但与 Robinson 矩阵相比，新矩阵导致的老人平均使用护理院服务时间的降低使 Medicaid 平均为每位老人所支付的长期护理服务费用有所下降。因此最终的结果是无论老人初始资产是多少，Medicaid 为他们支付的费用总额变化不大。

上述内容以及文献中的类似计算都忽略了所有 65 岁以上老人都可以使用的公共健康保险 Medicare 在支付护理院服务费用方面的作用。如前所述，Medicare 可能为护理院服务的前 100 天支付费用。因此，考虑 Medicare 从理论上也应该会降低老人对长期护理保险的支付意愿。本章利用新长期护理需求矩阵计算了所有前 3 个月护理院服务需求占总护理院服务需求时间的比例。模拟的长期护理需求历史表明，前 3 个月的护理院服务分别占男性和女性老人总护理院服务使用时间的 28% 和 22%。这与 2013 年 Medicare 支付了总护理院服务费用的 25.2% 基本相符。值得注意的是，并非所有护理院服务的前 3 个月都满足 Medicare 的支付条件，因此，本章的计算代表了 Medicare 支付护理院服务费用的上限。最后，本章使用 Medicare 所可能支付的长期护理服务费用上限计算了 Medicare 对长期护理保险支付意愿影响的上限。在图 3 - 3A 和图 3 - 3B 中，如果 Medicare 可以支付所有护理院服务的前 3 个月费用，那么将没有男性老人愿意购买长期护理保险（从 5% 下降至 0%），同时仅有 16% 的女性老人仍然具有大于 0 的支付意愿（从 21% 降至 16%）。其中的主要原因是在保费不变的情况下，长期护理服务的费用整体下降了。

当使用本章估计的新护理需求矩阵计算时，理论上应该购买长期护理保险的老人比例有所下降，这加强了 Brown 和 Finkelstein（2008）

所强调的结论，即公共健康保险挤出了部分商业长期护理保险的需求，同时降低了应用非理性原因解释低长期护理保险覆盖率的力度。

第六节 结 论

对长期护理服务需求的预期是老人进行经济决策的关键信息。很多文献在研究过程中都使用了 Robinson（2002）估计的健康状态转移矩阵和长期护理状态转移矩阵，但是这些概率已经很长时间没有得到过系统的更新。本章展示了老人对长期护理服务需求的两个最新特征：第一，本章发现，自 20 世纪 80 年代初以来，老人的健康状态随时间有所改善，同时对各类型长期护理服务的需求都随之下降。第二，本章发现，在业界和学界被广泛使用的 Robinson 模型虽然正确地估计了老人使用护理院服务的平均时间（无条件均值），但是模型存在一定的设计问题，从而导致其在估计过程中低估了老人使用护理院服务的概率，同时高估了老人使用护理院服务的时间（条件均值）。本章修正了 Robinson 模型，更新了数据，并通过结合 HRS 数据和 NLTCS 数据估计了最新的健康状态转移矩阵和长期护理需求矩阵，矩阵中的概率随老人的性别与年龄变化。

在同时考虑公共健康保险 Medicare 和 Medicaid 的情况下，本章估计的新长期护理需求转移矩阵显著降低了老人对长期护理保险的支付意愿。Brown 和 Finkelstein（2008）使用 Robinson（2002）估计的长期护理状态转移矩阵发现，公共健康保险对商业长期护理保险具有显著的挤出作用。他们发现只有资产最高的 36% 男性老人和 40% 的女性老人应该购买长期护理保险。当使用本章估计的新长期护理需求矩阵做同样的计算时，效果更加明显，仅有资产最高的 5% 男性老人和 21% 女性老人对长期护理保险的支付意愿为正，即他们的最优选择是购买长期护理保险。当额外考虑 Medicare 对保险支付意愿的影响时（注意本章估计的是 Medicare 影响的上限，即 Medicare 支付所有护理院服务的前 3 个月费用），没有男性老人应该购买长期护理保险，只有 16% 女性老人的最优选择是购买长期护理保险。所以，不管是否考虑 Medicare 的影响，利用本章估计的新长期护理服务需求矩阵计算长期护理保险价值，会使模型预测结果更接近 HRS 数据观察到的长期护理保险覆盖率（只有 10% —12% 的 65 岁及以上老人会购买长期护理保险）。总之，本章估计的新长期护理需求矩阵有助于理解为什么老人对商业长期护理保险的需求较低，并发现公共健康保险对商业长期护理保险的挤出作用具有比之前研究更强的解释力度。

第四章

长期护理保险的需求

第一节 引　　言

长期护理服务的费用对老人构成重大财务风险。首先，如第二章所述，长期护理服务的费用很高，尤其是护理院服务的费用。根据 Genworth 公司对美国各类长期护理服务费用所做的最新调查，2021 年护理院双人间的全美平均价格达到了每天 260 美元，即每年 94 900 美元。这一费用远远超过了 2021 年美国退休老人社会保障养老金的年平均收入 18 752 美元，后者也是美国绝大部分老人退休后唯一的收入来源[①]。其次，老人用到长期护理服务的机会也非常大。Brown 和 Finkelstein（2008）利用 Robinson（2002）估计的长期护理需求服务矩阵发现，65 岁健康女性老人在死亡前有 44% 的概率会用到护理院服务，65 岁的健康男性老人在死亡前有 27% 的概率会用到护理院服务。最新的研究发现，老人需要护理院服务的概率比之前估计的更高。例如 Hurd 等（2014）和第三章的计算发现，65 岁的健康女性和

① 这里只计算了退休老人的社会保障养老金收入（retired worker benefits），没有考虑配偶养老金（spousal benefit）和遗属养老金（survivors' benefit）。

男性老人在死亡前分别有 58% 和 44% 的概率会用到护理院服务。并且，如果女性和男性老人开始使用护理院服务，他们居住在护理院接受长期护理服务的平均时间分别达到了 1.37 年和 0.85 年。

虽然老人面临高概率且高损失的重大财务风险，但是如第一章所述，Health and Retirement Study（HRS）的数据显示，只有 10%—12% 的老人会购买商业长期护理保险，来保障长期护理服务费用对资产所形成的重大威胁，其余约 90% 的老人或者计划通过预防性储蓄来支付长期护理服务的费用，或者打算依靠针对老人或贫困群体的公共健康保险（Medicare 和 Medicaid，详见第二章介绍）。长期护理保险市场的缺失是出乎意料的。这种现象与传统的、基于理性人假设的经济理论预测完全不符。依照理论，厌恶风险的理性消费者应该购买保险来对冲其未来不确定的重大支出，以达到最大化一生预期效用的目标。

低保险覆盖率也对公共医疗预算造成了压力。Congressional Research Services（CRS，2022）的报告显示，2021 年全美长期护理服务总支出已达到 4 751 亿美元。并且随着婴儿潮一代（baby boomers）的快速老龄化，长期护理服务支出在未来数十年中预计将继续迅速增长。由于长期护理保险的市场规模小、覆盖率低，因此其只支付了长期护理服务总费用的大约 7.8%。长期护理服务总支出的几乎一半（42.1%）是由针对低资产、低收入群体的公共健康保险 Medicaid 所支付的，这显然会使联邦和州的公共医疗预算面临困境。政策制定者最新的目标是通过鼓励老人们购买商业长期护理保险来减轻长期护理服务费用对公共医疗支出不断增加的压力。为设计合适的政策来吸引老人购买商业长期护理保险，充分厘清老人对长期护理保险需求较低的原因至关重要。

利用 HRS 数据，本章建立了一个结构模型来考察为什么老人不愿意购买长期护理保险。本章的创新之处在于引入了一个新的偏好参数，用于衡量老人在低质量护理机构接受长期护理服务时所遭受的效用损失。本章将此偏好参数定义为“长期护理服务质量偏好”参数。由于这个参数代表效用损失，因此它的取值总是小于0（即代表负效用）。长期护理服务质量偏好参数的绝对值越大，代表老人在高质量护理院接受长期护理服务时会获得更多的效用收益，从而可能弥补由于支付长期护理保险的保费而导致的消费效用损失。长期护理服务质量偏好参数的绝对值较小，则表明老人为保证在需要长期护理服务时可以进入高质量护理院而购买长期护理保险的意愿较弱。

本章发现，老人对长期护理服务质量的偏好普遍不强。考虑到他们总是可以在耗尽金融资产和收入后依靠Medicaid来支付低质量护理院的长期护理服务费用，这就可以解释为什么他们对商业长期护理保险的兴趣不大。此外，本章还发现拥有高价值住房的老人可能会使用房产为他们未来的长期护理服务费用提供自我保险。数值模拟的结果显示：如果禁止老人出售房产支付护理院服务费用，购买长期护理保险的老人的比例将增加85.3%（5.8个百分点）。最后，本章进行的几项反事实政策实验表明：全面保费补贴可以显著促进长期护理保险的覆盖率，但是此政策的成本（保费补贴支出）高于收益（由长期护理保险覆盖率提高而带来的公共医疗支出下降）。针对低收入目标群体进行保费补贴或严格执行遗产追收计划（Estate Recovery Programs，ERPs）可以更有效地减少财政医疗支出，但这两种政策均无法吸引到太多老人购买长期护理保险。

本章其余部分的结构安排如下：第二节介绍相关文献；第三节使用两期简单模型和数值实验来直观地展示长期护理服务质量偏好参数的经济学含义；第四节使用HRS数据估计结构模型，并解释老人对长期护理保险需求较低的可能原因；第五节利用反事实政策实验，评估潜在的可以增加长期护理保险覆盖率和减少公共医疗支出的几种公共政策；最后一节做了总结。

第二节 相关文献综述

大量文献考察了老人不愿意购买长期护理保险的原因，其中影响力较高的论文包括 Pauly（1990）和 Brown 和 Finkelstein（2008）等。Pauly（1990）利用理论模型展示了在一些假设条件下，Medicaid 的存在会导致拥有所有信息、厌恶风险的理性老人选择不购买精算公平定价的长期护理保险合约。他指出，尽管 Medicaid 提供的仅是非完整保障，但在一定的假设条件下 Medicaid 可以挤出绝大部分老人的商业长期护理保险需求，即使是很少利用 Medicaid 支付长期护理服务费用的高资产老人。另外，Pauly（1990）提出，长期护理服务质量、遗赠动机与家庭成员是否可以提供替代性非正式长期护理服务都是可能影响老人长期护理保险购买决策的重要因素。

Brown 和 Finkelstein（2008）构建了跨期动态优化模型来考察单身老人的最优长期护理保险购买决策，以及 Medicaid 对商业长期护理保险的挤出效应。模型没有考虑老人的遗赠动机，且假设长期护理服务的质量没有差异。Brown 和 Finkelstein（2008）利用合理校准的参数值，计算了拥有不同资产的老人对不同类型长期护理保险的支付意愿。他们发现，只有资产最高的大约 30% 的老人愿意购买长期护理保险（甚至是精算公平定价的长期护理保险合约，这远比以市场价格出售的典型长期护理保险合约更合算）。这是因为中、低资产的老人在购买商业长期护理保险时面临非常高的 Medicaid 隐性税，即保险赔付主要用于替代 Medicaid 为他们支付的长期护理服务费用，而不是保障老人自身的资产。因此，低资产老人在购买长期护理保险后并不能显著增加消费以及终生效用。以上证据显示，Medicaid 的挤出效应确实导致了绝大部分老人对长期护理保险的需求很低。

Davidoff（2008，2009，2010）给出了老人不愿意购买长期护理保险的另一种可能解释，即老人更偏好使用自住房产来对未来的长期护理服务费用进行自我保险。由于房产的流动性差，且老人退休后一般不会搬家（Venti and Wise，2004），这就使房产成了非常适合用于自我保险的资产。Davidoff（2008）使用HRS数据比较了一段时期中居住在房价变化不同地区的老人的弃保决策。他发现，从房地产市场得到意外回报越高、自住房产价值上涨越大的老人有更高的概率放弃长期护理保险对资产的保障。

De Nardi等（2010，2012）估计了类似Brown和Finkelstein（2008）的针对单身老人的动态优化模型。模型中包含老人未来不确定的高额医疗支出以及遗赠动机，但不允许老人购买长期护理保险。他们发现，高资产老人在面临大额医疗支出时也有不低的概率用到Medicaid，且放松Medicaid对资产和收入的检查将显著减少所有老人（任何资产水平）的储蓄，因为此时老人面临更高的针对私人储蓄的Medicaid隐性税。这些发现也表明Medicaid会显著挤出了商业长期护理保险。

文献在考察老人的长期护理保险购买决策与最优消费和资产消耗路径时经常面临一个难题，即如何在模型中清晰地区分老人的公共健康保险厌恶偏好和遗赠动机。两者都会吸引老人购买长期护理保险。Amerіks等（2011）设计了调查问卷，以了解老人在各种假设环境中如何把有限的资源分配于长期护理服务或遗赠。论文构建了结构模型并根据问卷数据估计了模型中的偏好参数。他们发现，老人普遍存在Medicaid厌恶偏好，同时中产及更富裕的老人普遍存在遗赠动机。类似地，Ameriks等（2020）根据老人对策略调查问卷（Strategic Survey Questions）的答案以及Vanguard Research Initiative的资产数据，利用结构模型估计了老人的偏好参数。文中发现，当解释老人的储蓄行为时，老人的预防性动机（为支付将来的长期护理服务费用而减缓资产消耗速度）显著比遗赠动机更重要。

最后一部分文献认为传统原因不能完全解释长期护理保险极低的覆

盖率，并提供了一些可能导致老人不愿意购买长期护理保险的非理性原因。例如，Brown 等（2012）和 Brown 等（2016）分别使用调查问卷发现，对保险公司缺乏信任和与健康状态相关的消费边际效用都可能是老人不愿意购买长期护理保险的原因。

虽然大量文献已经针对老人的长期护理保险需求进行了研究，但还没有论文尝试量化老人对长期护理服务质量的偏好。文献通常假设长期护理服务的质量相同（Brown and Finkelstein，2008；Ameriks 等，2011 等），但对长期护理服务质量的偏好是可能影响老人购买长期护理保险的重要因素之一（Pauly，1990）。另外，文献通常还会假设当老人居住在长期护理机构时，他们的效用函数与居住在社区家中时相同。这导致老人购买长期护理保险的一个重要原因是为了在支付长期护理服务费用后维持较高的消费。如果老人不得不利用 Medicaid 支付长期护理服务费用，那么 Medicaid 严格的资产和收入限制将导致老人不得不把消费水平降低至某个下限，从而遭受巨大的效用损失。Brown 和 Finkelstein（2008）将此消费下限外生设定为每月 515 美元，或每年 6 180 美元。Ameriks 等（2011）利用结构模型和调查数据内生估计出此消费下限为每年 4 400 美元。但是，不同长期护理状态的老人具有相同效用方程的假设可能并不合理。消费可以被分为耐用消费品（如车、家具等）和非耐用消费品（如旅行、食物、衣服等）。当老人在护理院居住时，他们对耐用消费品的需求完全消失。此外，居住在护理院中的老人至少存在两种日常生活障碍，如果老人在没有帮助的情况下连吃饭、穿衣或行走都有困难，那么他们对非耐用消费品的需求理论上也会显著减弱。因此，作为对比，本章假设当老人居住在护理院时，他们消费的边际效用为 0。老人购买长期护理保险是为了保证可以进入高质量的护理院接受长期护理服务，或给继承人留下更多遗产。

第三节　简单模型

本节利用一个简单的两期模型和数值实验，来直观地展示长期护理服务质量偏好参数如何影响老人的最优长期护理保险购买决策，并说明金融资产和房产在决策中的差异化作用。

一、模型设定

假设模型中存在两种类型的护理院：低质量的护理院与高质量的护理院。低质量护理院的居住环境较差且只提供必要的服务与治疗。其优势在于费用较低，设定为每年4.5万美元①。高质量护理院提供更好的居住环境、服务与医疗措施，但收费也更高，设为每年为7.2万美元②。为更明确地说明长期护理服务质量偏好参数的作用，本节假设长期护理保险合约可以赔付老人所有类型长期护理服务的所有费用（comprehensive insurance policy），并且保费被设定为保险合约的精算公平价格。本节假设无风险实际利率和老人的时间贴现率均为0。

模型只有两期。具有代表性的理性单身女性老人在第一期进入模型。她已经退休且处于健康状态，不需要任何长期护理服务。她的目标是最大化终生（两期）的预期效用。效用方程采取常相对风险厌恶方程（Constant Relative Risk Aversion，CRRA）的函数形式。她的终生预期效用可以写为下式：

① 为保持与其他参数的一致性，本章采用了2006年的长期护理服务相关数据。

② 7.2万美元为2006年护理院双人间的全美平均价格。其提供的服务可满足一般人的需要。更高资产的老人可能对长期护理服务存在更高的要求，但本章未考虑这种情况。

$$\max_{C_1,C_2,D} U = \frac{C_1^{1-\gamma}}{1-\gamma} + s_1\left(\frac{C_2^{1-\gamma}}{1-\gamma} + b\frac{B_2^{1-\gamma}}{1-\gamma}\right) + s_2\left(I(L)q + b\frac{B'^{1-\gamma}_2}{1-\gamma}\right) + s_3 b\frac{B_1^{1-\gamma}}{1-\gamma}$$

（式 4－1）

其中，长期护理服务质量偏好参数 q 是本节将要介绍的重点。s_1，s_2 和 s_3 分别是老人在第二期处于健康（不需要长期护理服务）、需要长期护理服务和已死亡的概率。C_1 和 C_2 分别为第一期和第二期的消费。γ 为 CRRA 风险厌恶系数。b 为遗赠动机系数。如果老人在第二期处于已死亡的状态，其遗产为 B_1。如果老人在第二期仍然保持健康状态（不需要长期护理服务），那么她会在第二期结束时死亡，并留下遗产 B_2。B_2'是老人在第二期需要长期护理服务时留下的遗产。

老人面临的约束条件如下：

$$P = s_2 NH_h \quad \text{（式 4－2）}$$

$$B_1 = A_0 + H_0 + C_1 - I(LTCI)P \quad \text{（式 4－3）}$$

$$B_2 = A_0 + H_0 + C_1 - I(LTCI)P - C_2 \quad \text{（式 4－4）}$$

$$B_2' = I(LTCI)(A_0 + H_0 - C_1 - P) + [1 - I(LTCI)]$$
$$(I(L)H_0 + \max[2,\ A_0 + I(H)H_0 - C_1 - I(H)NH_h - I(L)NH_l)]$$

（式 4－5）

其中，P 是精算公平的长期护理保险保费。NH_h 和 NH_l 分别是高质量护理院和低质量护理院收取的长期护理服务费用。A_0 和 H_0 分别是模型中的单身女性老人在第一期带入模型的初始金融资产和房产价值。$I(LTCI)$ 是一个虚拟指标。如果老人决定在第一期购买长期护理保险，则这个指标等于 1，否则这个指标取 0。如果老人在第二期需要长期护理服务，那么她必须进入护理院。$I(H)$ 是一个虚拟指标。如果老人在需要长期护理服务时进入了高质量护理院，则 $I(H)$ 等于 1，否则为 0。类似地，$I(L)$ 也是一个虚拟指标。当老人只能在低质量护理院接受长期护理服务时，$I(L)$ 等于 1，否则为 0。由于老人必须进入两类护理院之一，则有 $I(H)+I(L)=1$。

模型的运行机制如下：在第一期，模型中的单身女性老人身体健康，不需要长期护理服务。她拥有初始金融资产 A_0 和价值 H_0 的房产，但没有任何形式的收入。此时她需要做两个经济决策：第一期的消费 C_1 以及是否购买精算公平的长期护理保险 $I(LTCI)$。她在第一期的效用只来自其选择的消费。

在第二期，她的健康状况可能是以下三种之一：（1）保持健康，不需要长期护理服务；（2）需要长期护理服务；（3）已死亡。如上所述，三种情况发生的概率分别为 s_1，s_2 和 s_3。

如果她在第二期仍然保持健康状态，那么她需要选择第二期的消费 C_2，并继续从消费中获得效用。如果她在第二期需要长期护理服务并进入护理院，那么她能否进入高质量护理院并得到更好的服务与治疗就取决于她的经济情况：如果她在第一期购买了长期护理保险，即 $I(LTCI)=1$，那么她一定可以进入高质量护理院。如果她在第一期没有购买长期护理保险，但是资产较多，可以负担高质量护理院的收费（$A_0+H_0-C_1\geqslant NH_h$），那么她也可以进入高质量的护理院（上述假设按照现实情况设定，详细介绍见第二章）。此时她既可以选择进入高质量护理院，支付更高的成本以避免低服务质量所带来的低效用，也可以选择进入低质量护理院，支付较低的费用而为继承人留下更多的遗产。如果她没有在第一期购买长期护理保险且资产不足以支付高质量护理院的费用，那么她就不得不进入低质量的长期护理机构，并承担一定的效用损失。同时，她将首先利用金融资产自费支付低质量护理院的费用，直到她的金融资产下降到 Medicaid 资产检查所允许保留的 2 000 美元。之后，Medicaid 将支付她剩余的长期护理服务费用（Medicaid 的详细规则见第二章）。

当居住在护理院时，老人无法再进行普通消费，其效用完全来自护理院所提供的食宿以及长期护理服务。如果她被一家高质量护理院接受（无论是利用长期护理保险支付，还是用金融资产自费支付），那么她将获得更好的居住环境以及更好的服务与治疗，并得到一个较高固定的效用 $\bar{U}$。如果她在低质量护理机构接受长期护理服务，她只能得到一

个较低的固定效用 $\underline{U}$。显然，$\bar{U} > \underline{U}$。由于 $\bar{U}$ 和 $\underline{U}$ 都是常数，因此 $\bar{U}$ 和 $\underline{U}$ 的差值将影响老人购买长期护理保险的最优决策。为降低变量数量简化模型计算，本节设定居住在高质量护理院不会给老人带来额外的效用（$\bar{U}=0$）。但是如果老人不得不进入低质量的长期护理机构接受长期护理服务，那么她将获得 q 效用（$\underline{U}=q\leqslant 0$）。本节核心的长期护理服务质量偏好参数 q 即代表了两类护理机构所提供效用的差值，亦即老人在低质量护理院接受长期护理服务所产生的效用损失。在特殊情况下，此参数可以为0，代表对老人对护理院的质量没有偏好。高质量和低质量的护理院都会给她带来完全相同的效用。

第三种情况是老人已经在进入第二期前死亡。此时老人的所有剩余资产（包括金融资产和房产）将作为遗产转赠将给她的继承人。遗赠带给她的效用是将转移给继承人的遗产当成死亡同期消费并乘以遗赠动机系数 b。此参数的大小反映了遗赠动机的强度。

根据模型设定，模型中的老人在第二期结束时一定会死亡，所有剩余资产将作为遗产转移给继承人并获得遗赠效用。模型中的单身女性老人在第二期已死亡，或保持健康时留下的遗产很明显为其初始资产减去所有消费和保费支出（如果购买了长期护理保险），如公式（4－3）和公式（4－4）。当老人第二期需要长期护理服务并进入了不同质量的护理院时，她的遗产 B_2' 值得作出进一步解释。此时，共有三种情况。第一，如果她在第一期购买了长期护理保险并在第二期需要长期护理服务，那么长期护理保险将承担高质量护理院的全部费用。此时转移给继承人的遗产为：$B_2'=A_0+H_0-C_1-P$。第二，如果她在第一期没有选择购买长期护理保险，但在第二期拥有足够的金融资产自费支付高质量护理院的费用并选择这样做，那么她在第一期不用支付长期护理保险的保费，但需要在第二时期支付高质量护理院的费用，剩余的可以转移给继承人的遗产为：$B_2'=A_0+I(H)H_0-C_1-NH_h$。第三，如果她自己选择或被迫进入低质量护理院，Medicaid 将在其耗尽金融资产后支付剩余的长期护理服务费用。她的房产会被免除 Medicaid 的资产检查。因此，在这种情况下她的遗产是：$B_2' = H_0 + \max(2, A_0 - C_1 - NH_l)$。

二、长期护理服务质量偏好参数

接下来，本部分将通过数值实验解释长期护理服务质量偏好参数 q 对老人购买长期护理保险最优决策的影响。在所有的数值实验中，风险厌恶系数 γ 被设定为 2，护理状态转移矩阵为单身女性 99 岁时所面临的概率。为关注长期护理服务质量偏好参数的影响，本部分暂时假定房产和遗赠动机均为零。

（一）$q=0$

首先考虑前文提到的特殊情况，即老人完全不在意长期护理服务的质量。进入高质量护理院不会给她带来任何的额外效用。同样地，即使在第二期因为无法负担高质量护理院的费用而不得不进入低质量护理机构接受长期护理服务，她的效用也不会遭受任何损失。从理论上讲，在这种特殊情况下购买长期护理保险只会消耗老人的资产，降低老人的日常消费，同时面临消费降低所带来的效用下降。因此，无论金融资产高低，老人都不应该购买长期护理保险。老人甚至可以在第一期适当增加消费数量，尽量在第二期满足 Medicaid 的资产检查以避免错过 Medicaid 所提供的福利。

图 4－1 展示了初始金融资产为 10 万美元的单身女性老人购买长期护理保险的数值实验。x 轴表示老人第一期消费占总资产的百分比，y 轴表示她在第二期作出最优决策后所得到的两期总效用。更具体地说，如果她在第二期的健康状况良好，她会再一次选择最优消费；如果她在第二期需要长期护理服务，她会选择给她带来更高效用的护理院类型。老人在第一期购买了长期护理保险的效用曲线在图中用实线表示。老人在第一期没有购买长期护理保险的效用曲线在图中用虚线表示（本节剩余所有图的坐标轴与线的含义都与本图保持一致）。很明显，没有

购买长期护理保险的效用曲线（虚线）的峰值高于购买了长期护理保险的效用曲线（实线）的峰值，说明老人在这种假设下不应该购买长期护理保险。

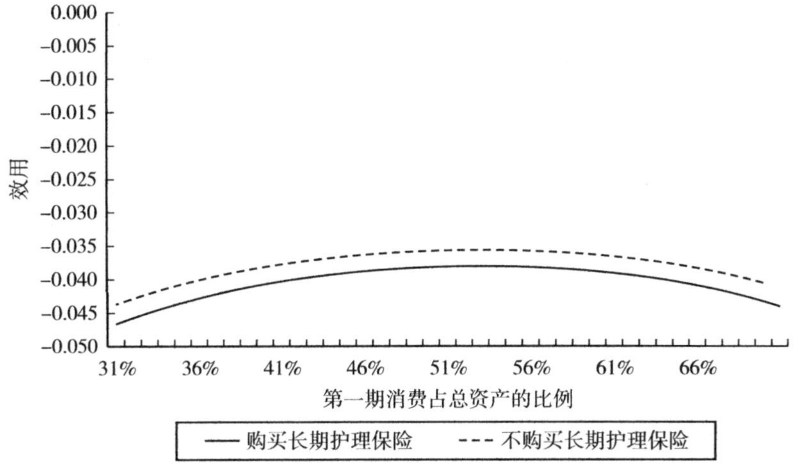

图4－1　简单模型的数字实验（$b=0$，$H=0$，$q=0$，$A=100$）

资料来源：作者计算。

（二）$q=-0.1$

接下来考虑老人存在长期护理服务质量偏好，但偏好较弱的情况。在本数值实验中，q 设定为 -0.1，其他参数选择都与 $q=0$ 时的情况相同。由于老人不存在遗赠动机，因此她是否应该购买长期护理保险就取决于进入高质量护理院的预期效用收益是否会超过由于支付长期护理保险保费所产生的消费效用损失。由于效用方程存在边际效用递减的性质，因此老人为支付保费而产生的消费效用损失与她的初始资产数量相关。图4－2的三幅图展示了当老人的初始金融资产不同时，同样的长期护理服务质量偏好参数对老人购买长期护理保险最优决策的影响。

图4－2A展示了当老人的初始金融资产为5万美元时的两条效用曲线（在第一期时购买或不购买长期护理保险）。由于老人的初始金融资产水平较低，消费的边际效用较高，因此她为支付长期护理保险的保费而减少消费所造成的效用损失较大，高于进入高质量护理院的预期效用收益，没有购买长期护理保险的效用曲线（虚线）的峰值高于购买了长期护理保险的效用曲线（实线）的峰值，所以在这种情况下，她不应该在第一期购买长期护理保险。

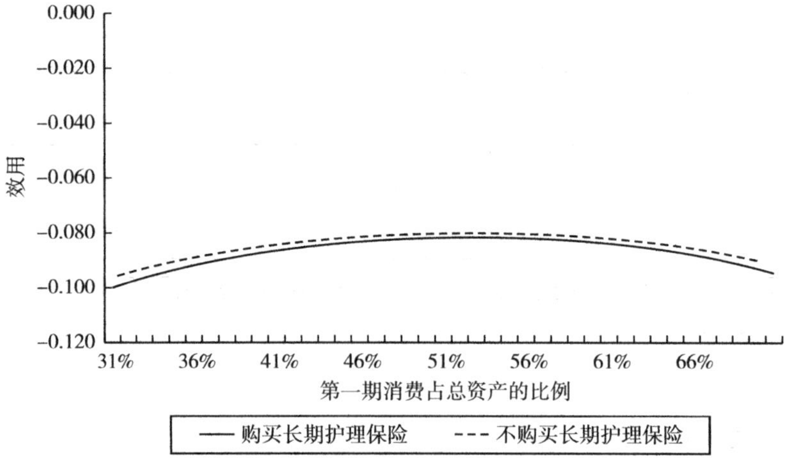

图4－2A　简单模型的数字实验（$b=0$，$H=0$，$q=-0.1$，$A=50$）

资料来源：作者计算。

图4－2B展示了当老人的初始金融资产为10万美元时的两条效用曲线（在第一期时购买或不购买长期护理保险）。与图4－1A相反，此时进入低质量护理院所产生的负效用主导了由于支付保费、减少消费而造成的效用损失，购买了长期护理保险的效用曲线（实线）的峰值高于没有购买长期护理保险的效用曲线（虚线）的峰值，因此在这种情况下她的最优选择是在第一期购买长期护理保险。

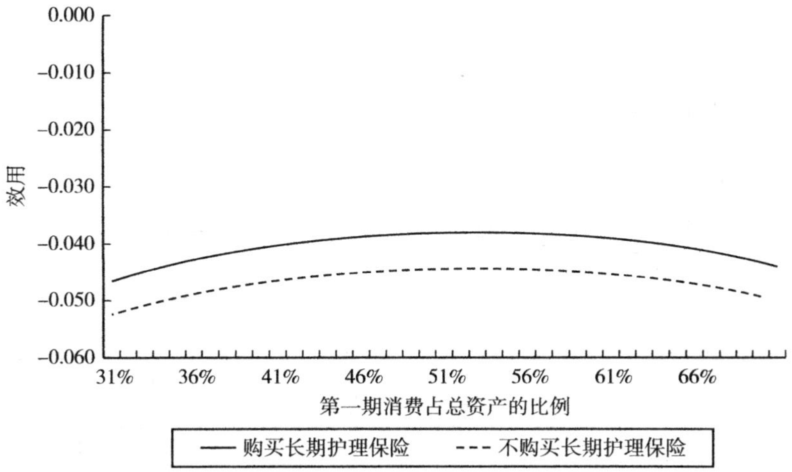

图 4－2B　简单模型的数字实验（$b=0$，$H=0$，$q=-0.1$，$A=100$）

资料来源：作者计算。

图 4－2C 展示了当老人的初始金融资产为 15 万美元时的两条效用曲线（在第一期时购买或不购买长期护理保险）。可以发现，不购买长期护理保险的效用曲线（虚线）出现了结构断层，即当第一期消费占总资产比例为 53% 时，效用曲线出现了一个陡峭的下降。形成这种断层的原因在于：因为本实验设定老人没有遗赠动机，同时在需要长期护理服务时普通消费也不会给老人带来任何效用，所以在这种情况下，老人利用预防性储蓄进行自我保险并不会造成任何效用损失。如果老人的第一期消费低于总资产的 53%，那么她就有足够的资产在第二期支付高质量护理院的费用。反之，如果她的第一期消费过高，超过了 53%，那么她在第二期就无法负担高质量护理机构的费用，从而只能在低质量的长期护理机构接受长期护理服务，并遭受效用损失。整体来看，不购买长期护理保险效用曲线（虚线）的峰值出现在个人消费初始金融资产的 52% 时，此峰值高于购买长期护理保险效用曲线（实线）的峰值。因此，在这种情况下，她的最佳选择也是放弃长期护理保险对其金融资产的保护。

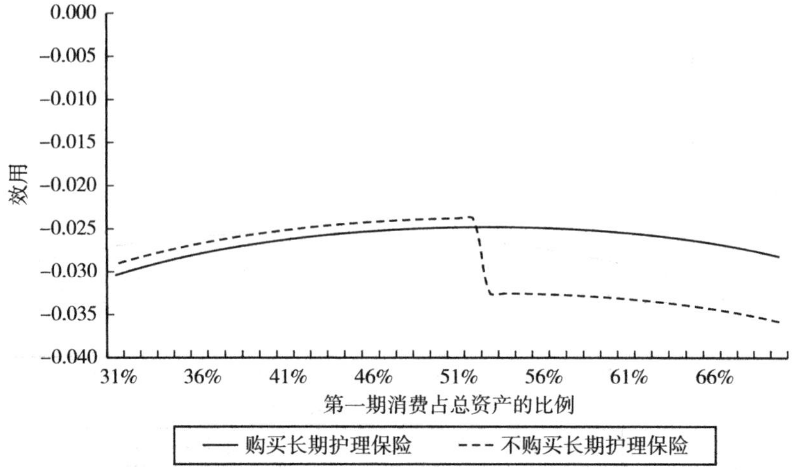

图 4 - 2C　简单模型的数字实验（$b=0$，$H=0$，$q=-0.1$，$A=150$）

资料来源：作者计算。

（三）$q=-1$

图 4 - 3 展示了更强的长期护理服务质量偏好（$q=-1$）对老人长期护理保险购买决策的影响。假设老人的初始金融资产是与图 4 - 2A 中相同的 5 万美元。其他参数的选择仍然与之前两种情况保持一致。此时，如果老人进入一家低质量护理院，她将承受巨大的效用损失。这导致图 4 - 3 与图 4 - 2A 中展示的结果截然相反。在拥有完全相同初始金融资产的前提下，老人现在购买长期护理保险的预期效用收益远远超过了由于支付长期护理保险保费而造成的消费效用损失，代表购买了长期护理保险的效用曲线（实线）的峰值在图 4 - 3 中高于代表没有购买长期护理保险的效用曲线（虚线）的峰值，因此老人的最优决策转变为购买长期护理保险。

在更贴近现实的情况下，老人的长期护理服务质量偏好参数和遗赠动机系数显然都不为 0，因此长期护理保险的购买决策就变得更为复杂。购买长期护理保险意味着如果最终没有用到长期护理服务，老人将面临消费和遗产的下降；而作为回报，如果最终需要长期护理服务，老

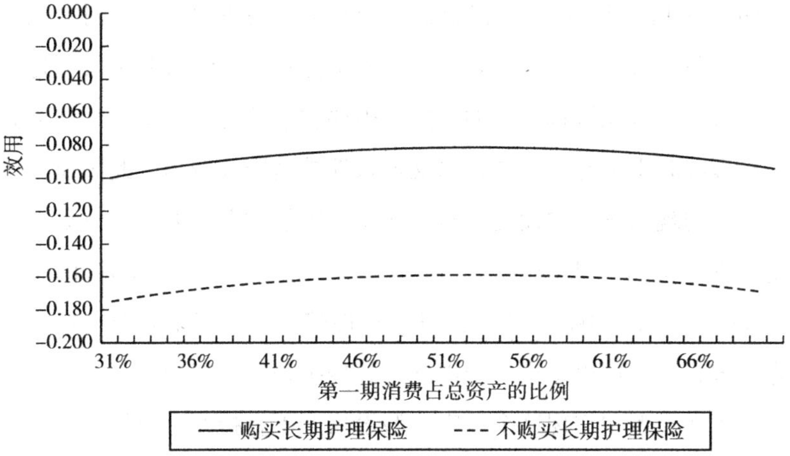

图 4-3 简单模型的数字实验（$b=0$，$H=0$，$q=-1$，$A=50$）

资料来源：作者计算。

人将进入高质量护理院，得到更好的长期护理服务，避免来自低质量护理院的负效用，以及可以留下更多的遗产。

三、金融资产与房产的差异化影响

值得关注的一点是：Medicaid 的资产检查对老人的金融资产和房产的处理存在差异。1993 年以前，老人的房产完全不受 Medicaid 资产检查的限制。换句话说，只要老人的金融资产低于 2 000 美元，Medicaid 就将支付他们的长期护理服务费用，同时允许老人完整保留他们的住房。1993 年的《Omnibus Budget Reconciliation Act（OBRA93）》要求全美所有州采用遗产追收计划（Estate Recovery Programs，ERPs），等老人去世后再从其房产中追回 Medicaid 为其支付的长期护理服务费用。但是 ERPs 在各州都实施得非常宽松，老人基本上还是可以将房产留给继承人。

Medicaid 的资产检查对待金融资产和房产的不同方式也对老人的长期护理保险购买决策具有显著影响。本部分将房产纳入简单模型进行数值实验来更直观地解释其中的原因。需要注意的是，模型只允许老人在进入护理院时卖出她的房产，以支付长期护理服务费用。此假设是按照文献记载的现象进行的设定，即除非受到突然的财务冲击，例如，需要长期护理服务等，否则老人一般不会置换他们的房子（Venti，2001；Venti and Wise，2004）。当老人进入护理院时，他们未来对住房的需求下降到零，因此可以卖出房产以支付长期护理服务费用。

为了在模型中实现这个设定，假设房产不直接产生效用，但是如果老人在身体健康、不需要长期护理服务时出售房产并用于普通消费，那么她将面临一个无限大的负效用冲击。根据此设定，房产在简单模型中只存在两个功能：它可以用于对长期护理服务费用的自我保险；同时，它可以作为遗产留给继承人。

图 4 -4A 和图 4 -4B 比较了两个拥有相同总资产（10 万美元）的单身女性老人的长期护理保险购买决策。区别在于图 4 -4A 中的老人所拥有的 10 万美元全部是金融资产，而图 4 -4B 中的老人拥有 5 万美元金融资产和价值 5 万美元的房产。其他参数选择基本与图 4 -2B 相同，但是为了考虑房产的遗赠功能，本部分设定遗赠动机系数为 1。可以明显看到，图 4 -4A 中购买了长期护理保险的效用曲线（实线）的峰值更高，而图 4 -4B 中不购买长期护理保险的效用曲线（虚线）的峰值更高，即两个拥有相同总资产的单身女性老人作出了差异化的长期护理保险购买决策：当老人的资产全部为金融资产时，她的最优选择是购买长期护理保险；而当老人总资产的一半是房产时，她的最优选择不是购买长期护理保险，而是利用房产对未来的长期护理服务需求进行自我保险。

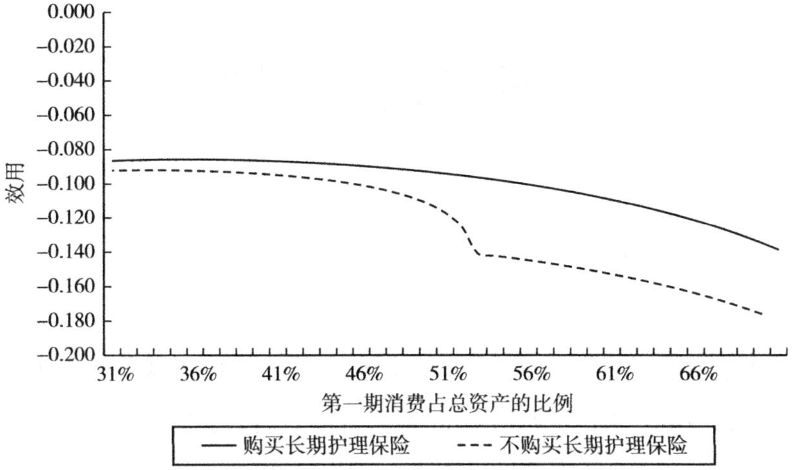

图 4-4A 简单模型的数字实验（$b=1$，$H=0$，$q=-0.1$，$A=100$）

资料来源：作者计算。

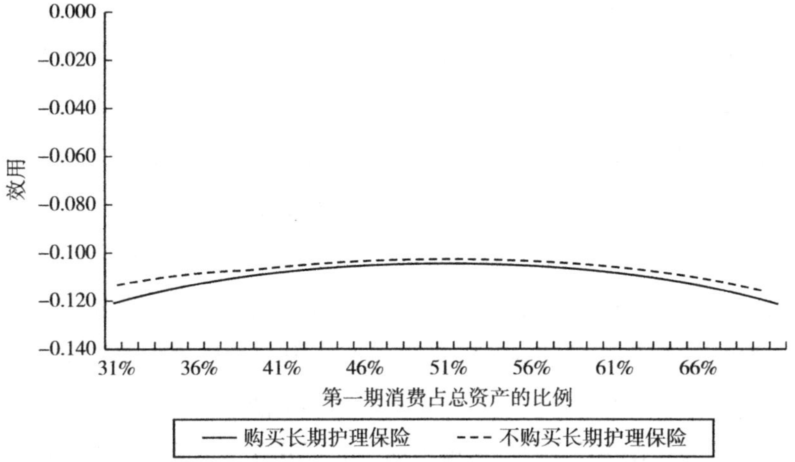

图 4-4B 简单模型的数字实验（$b=1$，$H=50$，$q=-0.1$，$A=50$）

资料来源：作者计算。

第四节　结构模型

一、模型设定

本节考虑一个更贴近现实，但也更复杂的结构模型来考察老人对长期护理保险的需求，并使用HRS数据估计他们的长期护理服务质量偏好参数。在正式介绍模型设定之前，几个问题值得特别说明：第一，为了专注于老人的长期护理保险购买决策，本节使用的是已退休单身老人样本。一些雇主会为员工提供长期护理保险。这导致一些未退休的老人虽然持有长期护理保险合约，但购买决策也许并不是本人所做，因此在样本中包含未退休的老人可能会扰乱估计结果。不考虑老人的劳动供给决策，也可以在很大程度上降低模型的计算量。此外，本节仅对单身（未婚、离婚或配偶死亡）老人进行分析的原因在于：首先，Hing（1987）的数据表明，护理院中84%老人的婚姻状态都是单身。已婚夫妻可以选择在家中互相照顾，从而降低了对正式长期护理服务的需求。其次，对单身家庭的研究可以剥离家庭结构的动态变化（例如离婚、再婚、配偶死亡等）、夫妻利益不一致时家庭内部的议价决策机制和家庭综合偏好等复杂因素对长期护理保险购买决策的影响。

第二，本节没有利用性别虚拟变量区分女性老人和男性老人的差异化偏好，而是分别估计了他们的长期护理服务质量偏好参数向量。这主要是考虑到性别不同的老人可能具有完全不同的健康特征及长期护理服务质量偏好，单靠一个虚拟变量可能无法完全捕捉到性别差异所带来的全部影响。

第三，本节更侧重于解释单身女性老人的估计结果。这主要是因为单身女性老人更具有代表性：她们的预期寿命更长，需要长期护理服务的概率更大，同时一旦进入护理院，居住在护理院接受长期护理服务的时间也更长。更重要的是，长期护理保险对女性的价格比精算公平定价更优惠（Brown and Finkelstein，2007），从而可以排除由供给侧原因（保费定价过高）导致的低需求。HRS 数据中单身女性老人的样本量也比男性大很多，这使女性的估计参数具有更强的统计显著性。当然，本节也同时展示了男性的所有估计结果，并在第八部分进行了介绍。

下面介绍模型。具有代表性的理性单身女性老人在 65 岁时进入模型，此时她已退休，身体健康，不需要长期护理服务。在未来的每一年，老人的健康状态都可能变为以下三种之一：不需要长期护理服务（$h=1$）、需要长期护理服务（$h=2$）和已死亡（$h=3$）。老人健康状态改变的概率为下面的与年龄相关的健康状态转移矩阵 S_t（概率同样随性别变化）。这是一个 3×3 的马尔可夫矩阵：

$$S_t=\begin{bmatrix} s_{11t} & s_{12t} & s_{13t} \\ 0 & s_{22t} & s_{23t} \\ 0 & 0 & 1 \end{bmatrix} \tag{式 4-6}$$

其中，t 代表老人的年龄。矩阵中的九个元素分别代表了老人从 t 岁时的不需要长期护理服务（1）、需要长期护理服务（2）和已死亡（3）的健康状态转变为 $t+1$ 岁对应健康状态的概率。

在需要长期护理服务时，老人必须进入护理院，并且需要长期护理服务的健康状态是一个吸收状态，换句话说，老人不可能从需要长期护理服务的健康状态恢复到不需要长期护理服务的健康状态，即 $s_{21t}=0$。这样假设的原因是现实中很少有长期居住在护理院的老人可以康复，并返回社区家中居住（Sekscenski，1987；Keeler 等，1981）。这里值得额外澄清的是，如第二章所述，短期需要护理院服务的老人和长期需要护理院服务的老人存在很大差异。短期需要护理院服务的老人通常是从普通疾病恢复的患者，他们通常会在几天至几周内返回社区家中居住。他们的费用一般由普通健康保险或 Medicare 支付。需要长期居住在护理院的老人一般很难完全康复。Keeler 等（1981）发现，只有 8%—12% 长期居住在护理院的老人有可能返回社区。由于本章关注的是长期、高费用且需要长期护理保险赔付的护理院服务需求，模型中的时间以年而不是天为单位，因此在本章中将需要长期护理服务的健康状态设定为吸收状态是合理的。这也与 Pauly（1990）中基准模型的假设相同。

很显然，死亡是另一种吸收状态。因此，s_{31t}和s_{32t}是0，s_{33t}是1。模型中老人的最大生存年龄（T）为 100 岁，即老人在生命周期模型中生存的最长时间为 36 年。

结构模型的整体运行规则与简单模型一致。当模型中的单身女性老人不需要长期护理服务时，她需要选择消费 C_t 以及决定是否要购买长期护理保险 D_t。当需要长期护理服务时，如果老人没有购买长期护理保险且有足够的资产支付高质量护理院的费用，那么她还需要选择进入哪种质量的护理院 N_t。这三个选择构成了结构模型的决策向量 $d_t = \{C_t, D_t, N_t\}$。老人需要根据所处的经济状态作出以上三种决策。她的经济状态向量是 $X_t = \{age_t, health_t, A_t, H_t, INC_t, P_{st}\}$，其中包含了她的人口统计学特征和财务情况。$age_t$ 是老人在 t 期的年龄。$health_t$ 指老人在 t 期的健康状态。A_t 和 H_t 分别代表老人在 t 期开始时持有的金融资产和房产价值。INC_t 是老人每年的实际收入，主要来源于社会保障养老金。P_{st}是老人在 t 期需要支付的购买于 s 期的长期护理保险保费。自 s 期购买长期护理保险后，老人必须在之后的每一期支付固定的名义保费，以持续保持长期护理保险合约生效。本章不考虑老人中途弃保的情况（关于弃保的详细讨论见第五章）。

本节中的长期护理保险条款如下：当需要长期护理服务时，保险公司每天为老人赔付不超过 200 美元的长期护理服务费用，同时保险合约具有 5% 的通货膨胀保护，即日赔付上限每年增长 5%。保险合约没有等待期，也没有终生最高理赔上限（或理赔期限限制）。长期护理保险对女性的定价为保险合约的精算公平价格，即老人预期未来支付保费的现值与保险公司未来理赔额的预期现值相等：

$$EPV(benefit) = EPV(premium)$$

计算可得，

$$P_{st} = \frac{NH_h(s_{12s}\sum_{j=s+1}^{T}\beta^{j-s}s_{22j} + \sum_{i=s+1}^{T}\beta^{i-s}(\prod_{j=s}^{i-1}s_{11j})s_{12i}\sum_{i+1}^{T}\beta^{j-s}s_{22j})}{(1 + \sum_{i=s}^{T}\beta^{i-s}\prod_{j=s}^{i}s_{11j})}$$

（式 4-7）

模型中，具有代表性的理性单身女性老人的目标是最大化她的终生预期贴现效用：

$$U = E_{65}\sum_{t=65}^{T}\beta^{t-65}\left[I(gh_t)\left(\frac{C_t^{1-\gamma}}{1-\gamma}\right) + I(bh_t)I(L_t)q_t + I(died_t)b\frac{B_t^{1-\gamma}}{1-\gamma}\right]$$

（式 4-8）

其中，β 为时间贴现因子。γ 是 CRRA 风险厌恶系数。b 为遗赠动机系数。q_t 是长期护理服务质量偏好参数。在本节，q_t 被设定为收入、年龄和年龄平方的函数，如下：

$$q_t = \theta_0 + \theta_1 INC_t + \theta_2 age + \theta_3 age^2 \quad \text{（式 4-9）}$$

其中，常数项 θ_0 预计为负。它代表无论老人的年龄和收入，当他们在低质量护理院接受长期护理服务时都会遭受效用损失。收入的系数 θ_1 预计为负。对于相同质量的长期护理服务，平时生活水平更高的老人会感到条件变化更剧烈，从而受到更大的效用损失。社会保障养老金是按照老人一生的平均工资计算并支付的，可以很好地代表老人一生的生活水平，因此收入越高的老人进入低质量护理院时会面临更大的效用损失。年龄的系数 θ_2 预计为负。这里主要是考虑老人身体状况的影响。更年轻、身体更好的老人在面临同样的低质量长期护理服务时遭受的效用损失理论上会更小。随着老人年龄的增长和健康状态的恶化，他们在进入低质量护理院时将会面临更大的效用损失。年龄平方的系数 θ_3 的符号预计为正。当老人们年纪很大、健康状态很差的时候，他们可能对周围的环境与服务不再敏感，导致效用损失变小。

当老人处于健康，不需要长期护理服务时，$I(gh_t)=1$。此时，她从普通消费 C_t 中得到效用。当需要长期护理服务时，$I(bh_t)=1$。模型设定她此时无法从普通消费中获得效用。如果她进入高质量护理院接受长期护理服务，那么她的效用不会下降。如果她不得不进入低质量的护理机构，较差的医疗条件与服务会导致她的效用遭到损失。损失程度即为长期护理服务质量偏好 q_t。她既可以持有长期护理保险，也可以通过资产测试进入高质量护理院。高质量护理院要求老人的总资产高于她预期长期护理服务费用的现值：

$$EPV(assets) \geqslant EPV(costs)$$

即，

$$A_t + H_t + \sum_{k=t}^{T} \beta^{k-t} s_{22k}\, INC_t \geqslant \sum_{k=t}^{T} \beta^{k-t} s_{22k}\, NH_h \qquad (式 4-10)$$

如果她在 t 期已死亡，$I(died_t)=1$，她剩余的所有资产将在死亡当期作为遗产赠予继承人。根据模型设定，每一个时期都有 $I(gh_t)+I(bh_t)+I(died_t)=1$。

接下来，按老人所处的不同健康状态分情况讨论她的预算约束。当老人不需要长期护理服务时，她的预算约束为：

$$A_{t+1} = (A_t + INC_t - D_t P_{st} - C_t) R_f \qquad (式 4-11)$$

她的收入来自社会保障养老金，而支出则基于她的消费选择以及长期护理保险购买决策。金融资产每期的投资收益是无风险利率 R_f。房产的实际价值假定不随时间改变。

当老人需要长期护理服务时，如果她持有长期护理保险，即 $D_{t-1}=1$，那么她将自动进入高质量护理院，并由长期护理保险全额支付高质量护理院的所有长期护理服务费用。由于此时普通消费不会带来效用，她的最优消费为零，因此，此时的预算约束是：

$$A_{t+1} = (A_t + INC_t) R_f \qquad (式 4-12)$$

如果老人在当期死亡，她剩余的金融资产和房产都会留给继承人，遗产为：

$$B_t = A_t + H_t + INC_t \qquad (式 4-13)$$

如果老人没有购买长期护理保险，她还可以在通过护理院资产测试的前提下自费进入高质量护理院。模型设定她此时可以出售房产以支付护理院服务的费用，因为她未来对自有房产中的居住需求已经下降为0。她会在进入护理院前将房产出售，因此，在她进入护理院前有：

$$A'_t = A_t + H_t \qquad (式 4-14)$$

之后，她将利用金融资产自费支付高质量护理院的长期护理服务费用。当她的金融资产降至2 000美元的门槛后，Medicaid将支付其剩余的长期护理服务费用。她可以继续住在高质量护理院。在这种情况下，她的预算约束为：

$$A'_{t+1} = \max(2,\ A'_t + INC_t - NH_h)R_f \qquad (式 4-15)$$

如果死亡，她留给继承人的遗产是：

$$B_t = \max(2,\ A'_t + INC_t - NH_h) \qquad (式 4-16)$$

如果老人没有购买长期护理保险，也没有足够的资产进入高质量护理院，或者为了给继承人留下更多遗产而选择不进入高质量护理院，那么她将进入费用较低但同时硬件条件和服务也较差的低质量护理院。因为房产不受Medicaid资产检查限制，此时出售房产一定不是老人的最优选择。此时她应该做的是利用金融资产尽量支付低质量护理院的费用，并将房产作为遗产留给继承人。当她的金融资产耗尽后，Medicaid会支付她剩余的长期护理服务费用。在这种情况下，她的预算约束是：

$$A_{t+1} = \max(2,\ A_t + INC_t - NH_l)R_f \qquad (式 4-17)$$

她的遗产是：

$$B_t = \max(2,\ A_t + INC_t - NH_l) + H_t \qquad (式 4-18)$$

二、估计方法

模型的估计目标是找到最优的长期护理服务质量偏好参数向量 $\hat{\theta}$，

使模型的数值模拟矩（simulated moments）与通过 HRS 数据计算所得的数据矩（data moments）的匹配程度最高。由于本章的核心是对长期护理保险的需求，因此，本部分选择的数据矩是按照收入十分位分组、金融资产十分位分组以及中产家庭按照房产占家庭总资产比例分组计算的长期护理保险覆盖率。本部分采用的估计方法是被相关文献（French and Jones，2004；De Nardi 等，2006；Gustman and Steinmeier，2005）普遍采用的两步模拟矩法（two-step method of simulated moments）。此方法会分别估计描述预期（belief）的参数和描述偏好（preference）的参数。

三、数据

本章的估计继续利用 Health and Retirement Study（HRS）数据进行。关于 HRS 数据的详细介绍见第三章。HRS 数据包括了本章研究所需的所有信息，涉及老人的人口统计学信息、家庭结构、家庭收入、金融资产和房产价值，以及是否购买了长期护理保险等。一个值得解释的地方是：由于 HRS 前两次调查（1992 年和 1994 年）中关于长期护理保险的问题措辞与后期调查完全不同，导致前两期关于长期护理保险的数据（包括覆盖率和弃保率等）与后期调查相差较大，因此，本部分参考 Finkelstein 和 McGarry（2006）的做法，仅利用了第 3 次调查（1996 年）以及之后的数据。本部分的样本保留了自 1996 年起 6 次调查中年龄在 65 至 100 岁之间、身体健康、在社区家中居住的退休单身女性。由于模型存在借贷限制（资产不能小于 0），本部分删除了金融资产或房产净值为负的样本。最终样本包括 11 944 个观测值。

本部分利用虚拟变量来记录老人是否购买了长期护理保险。如果在访谈中老人自报持有可以赔付护理院服务费用的长期护理保险合约，此虚拟变量取 1，否则将此虚拟变量赋值为 0。金融资产指老人支票账户、储蓄账户、货币市场账户余额加上大额存单、股票、债券等各种形式金融资产价值的总和。房产的定义是老人的自住房屋价值减住房抵押贷款的债务。收入是老人自报的家庭收入。

表4－1的第1列和第2列展示了女性样本的描述性统计数据。样本的长期护理保险覆盖率为9.8%，非常接近行业报告以及通过HRS数据计算的总体覆盖率，说明本部分的女性样本具有全美代表性。图4－5展示了按照收入十分位排序的长期护理保险覆盖率。数据模式非常清晰：长期护理保险覆盖率随收入单调增加。收入最低的20%老人的长期护理保险覆盖率不到3%；中产老人（定义为处于收入分布中间20%的老人，即收入十分位的第5位和第6位）的长期护理保险覆盖率为7%—8%；收入最高的20%老人的长期护理保险覆盖率可以达到将近20%。这种数据模式似乎与简单模型预测的最富有老人不应该购买长期护理保险相矛盾，但这完全是由模型设定所导致的。模型假设护理院只有两种类型：高质量的护理院和低质量的护理院。其中高质量护理院的费用被设定为护理院双人间的全美平均费用7.2万美元。虽然平均质量的护理院所提供的长期护理服务可以被大多数老人所接受，但是收入最高的20%老人可能愿意进入质量更高的护理院。护理院的质量和收费显然具有显著的正相关关系，质量更好就意味着收费更高。这使得老人金融资产与护理院服务费用的相对比例下降，从而促使他们购买长期护理保险。换句话说，在现实中，即使收入最高的20%老人也没有足够的资源完全自费支付顶级护理院的费用，所以收入最高的群体购买的应该是保额更高的长期护理保险。由于最富有的老人基本不会使用公共健康保险Medicaid，同时为了让结构模型可以保持两类护理院的设定，本部分选择了收入十分位前8位老人的长期护理保险覆盖率作为第一组数据矩进行匹配。收入十分位前8位老人的样本长期护理保险覆盖率为7.0%，低于全样本的长期护理保险覆盖率。

表 4－1　　HRS 样本数据的描述性统计

变量	女性		男性	
	均值	方差	均值	方差
拥有长期护理保险的比例（%）	9.83	29.77	7.62	26.53
年龄	79.05	7.28	77.71	7.64
金融资产（美元）	89 822	165 074	120 211	218 760
房产（美元）	86 343	103 401	90 772	113 737
房产占总资产比例（%）	46.50	39.06	42.52	37.92
家庭收入（美元）	22 464	17 289	30 884	24 524
是否有孩子	0.86	0.34	0.80	0.40
样本量	11 944		3 744	

注：计算利用了个人权重加权。
资料来源：作者利用 HRS 数据计算。

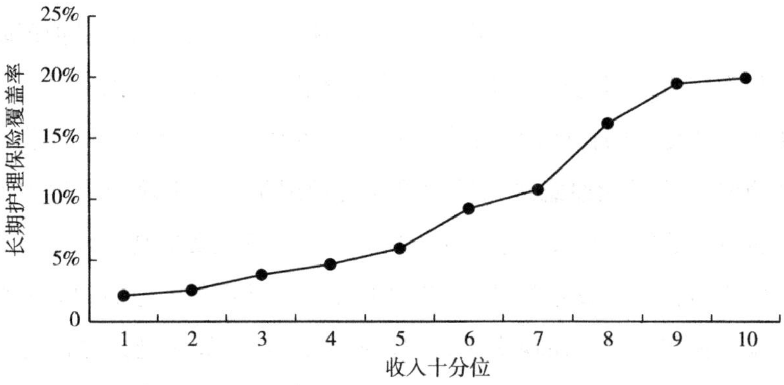

图 4－5　按收入排序的长期护理保险覆盖率

注：计算利用了个人权重加权。
资料来源：作者利用 HRS 数据计算。

用于估计长期护理服务质量偏好参数的第二组数据矩是按金融资产十分位排序的长期护理保险覆盖率，如图 4－6 所示。金融资产和长期护理保险覆盖率之间的关系与收入类似。金融资产越高，长期护理保险覆盖率也越高。金融资产最低的 20% 老人的长期护理保险覆盖率不到

3%；位于金融资产分布中间 20% 老人的长期护理保险覆盖率为 8%，金融资产最高的 20% 老人的长期护理保险覆盖率约为 20%。出于同样的原因，本部分在估计中只使用了金融资产十分位前 8 位的长期护理保险覆盖率。

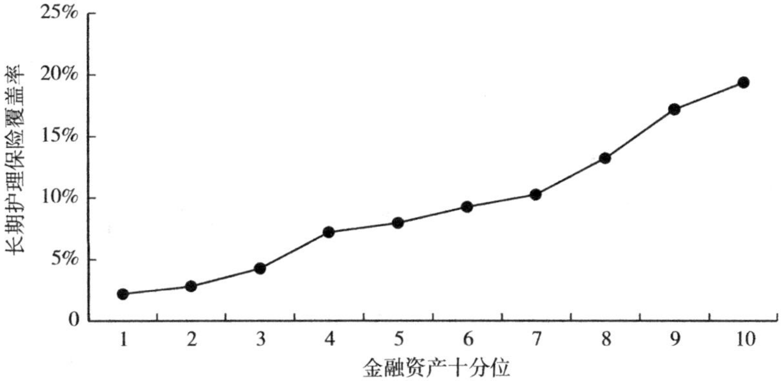

图 4－6　按金融资产排序的长期护理保险覆盖率

注：计算利用了个人权重加权。
资料来源：作者利用 HRS 数据计算。

第三组数据矩是按照房产与总资产比例排序分组的长期护理保险覆盖率，其中，总资产定义为老人的金融资产与房产之和。利用这组统计指标，可以检验老人是否利用房产对未来的长期护理服务需求进行自我保险。当控制总资产时，如果拥有更多房产的家庭购买长期护理保险的概率更小，那么就说明一些老人准备在未来使用房产支付他们的长期护理服务的费用。这是因为老人一般在进入护理院之前不会出售自己的住房，所以当老人需要长期护理服务并进入护理院时，拥有更高价值房产的老人就有更多的资源来支付护理院的费用，从而降低了他们对长期护理保险的需求。图 4－7 展示了按房产占总资产比例排序的长期护理保险覆盖率。计算所用的子样本拥有房产且处于总资产分布的中间位置（总资产分布五分位的第 3 位）。可以看到除前两组（房产占总资产比例低于 20%）外，长期护理保险覆盖率总体呈下降趋势。这与预期是一致的。本部分在估计中删除了房产占总资产比例低于20%的样本。这是因为样本总资产的中位数是8.7万美元，如果房产与总资产的比例小于20%则意味着房产价值低于1.7万美元，这在现实中很少发生。属于前两组的样本量也很小，分别只有10名和18名老人。

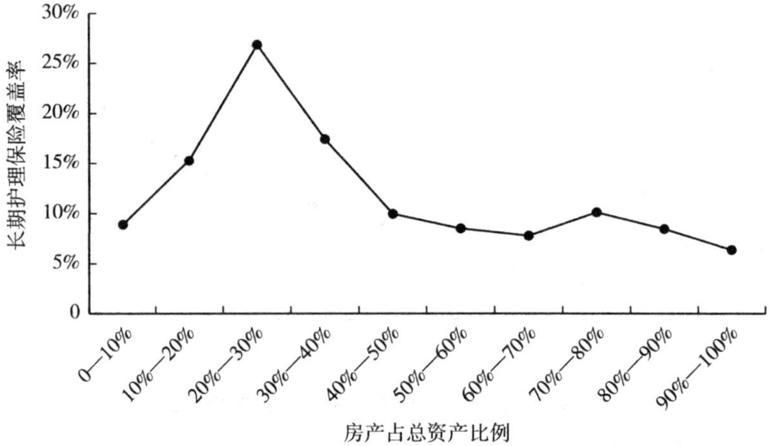

图4-7　按房产占总资产比例排序的长期护理保险覆盖率

注：计算利用了个人权重加权。子样本为总资产分布五分位的第3位样本。
资料来源：作者利用HRS数据计算。

四、参数估计

第一步需要估计与年龄（和性别）相关的健康状态转移矩阵 S_t。本部分采用Ameriks等（2011）中的方法，将 S_t 分解为两个矩阵的乘积：

$$S_t = \begin{bmatrix} s_{11} & s_{12} & s_{13} \\ 0 & s_{22} & s_{23} \\ 0 & 0 & 1 \end{bmatrix} \begin{bmatrix} 1 - Z_1 t^e & Z_1 t^e \left(\frac{Z_2}{1 + Z_2}\right) & Z_1 t^e \left(\frac{1}{1 + Z_2}\right) \\ 0 & 1 - Z_1 t^e & Z_1 t^e \\ 0 & 0 & 1 \end{bmatrix}$$

（式4-19）

构成健康转移矩阵 S_t 的第一个矩阵是老人65岁时的基准健康转移

矩阵。s_{jk}表示从65岁时不需要长期护理服务（$j=1$）、需要长期护理服务（$j=2$）和已死亡（$j=3$）的健康状态变为66岁时不需要长期护理服务（$k=1$）、需要长期护理服务（$k=2$）和已死亡（$k=3$）的健康状态的概率。如前所述，需要长期护理服务和死亡都是吸收状态，所以矩阵中s_{21}、s_{31}和s_{32}的值为0，s_{33}的值是1，且有条件 $\sum_{k=1}^{3} s_{jk} = 1$ 。第一个矩阵中共有s_{11}、s_{12}和s_{22}三个参数需要估计。第二个矩阵是年龄调整矩阵。随着老人年龄的增长，健康状况从好变差的概率也随之增高。参数e捕捉了调整变化的速度，本部分与Ameriks等（2011）中保持一致将其校准为1.5。第二个矩阵中共有Z_1和Z_2两个参数需要估计。利用基准健康转移矩阵和年龄调整矩阵相乘就可以得到每个年龄的3×3健康转移矩阵。年龄越大，健康状态变差的概率也越大。

为估计矩阵中的参数，模型数值模拟了10万名初始健康状况良好的65岁单身女性。每一年她们都将根据对应年龄的健康状态转型矩阵受到健康冲击，从而改变健康状态。估计目标是使模型中数值模拟的矩与数据中关于长期护理服务使用和预期寿命的统计指标尽可能匹配。数据矩包括老人终生需要使用护理院服务的概率（在使用护理院服务的前提下）、老人首次进入护理院的年龄、在护理院接受长期护理服务的时间和使用护理院服务超过1年的概率，以及女性在65岁、75岁、85岁和95岁不需要长期护理服务时的预期寿命。关于适用长期护理服务的相关统计指标来自Brown和Finkelstein（2008）。预期寿命是根据社会保障局（social security administration）提供的代际生命表所计算的1935年出生的女性在对应年龄的预期寿命。表4－2的第1列和第2列分别展示了单身女性老人的数据矩和模型的数值模拟矩。从表中可以发现，模拟矩与数据矩基本保持了一致，表明本部分所估计的与性别和年龄相关的健康转移矩阵是可以信赖的。

表4-2　健康转移矩阵

统计指标	女性		男性	
	数据	模拟	数据	模拟
一生中需要护理院服务的概率（%）	44.0	40.1	27.0	27.2
在使用护理院服务的前提下：				
平均首次使用护理院服务的年龄	84.0	84.0	83.0	82.9
平均使用护理院服务的时间（年）	2.0	1.9	1.3	1.4
使用护理院服务超过1年的概率（%）	42.0	46.2	33.0	30.2
65岁的预期寿命	20.1	20.6	16.6	16.5
75岁的预期寿命	13.1	12.7	10.7	10.5
85岁的预期寿命	7.5	7.9	5.9	6.8
95岁的预期寿命	3.6	4.3	2.7	3.9

资料来源：作者计算。

第二步是在给定健康转移矩阵 S_t 的条件下，估计长期护理服务质量偏好参数向量 θ。为降低计算量，本部分校准了模型中其余的偏好参数。其中无风险利率和贴现率都是3%。CRRA风险厌恶系数是2①。遗赠动机系数在基准模型中为1。老人在年龄、健康状态、金融资产、房产、收入和保费支出这六个维度上存在异质性。

首先将老人一生的预期效用函数改写为贝尔曼方程（Bellman equation）的形式，把多期动态优化模型转变为两期模型：

$$V_t(X_t) = \max_{d_t}\{U(X_t,\ d_t;\ S_t,\ \theta) + E[V_{t+1}(X_{t+1}) \mid X_t,\ d_t;\ S_t,\ \theta]\}$$

（式4-20）

接下来利用逆向归纳法求解。在最终期（T 期），由于老人知道自己将在本期结束后死亡，他们会选择最优消费来平衡自身的消费和留给继承人的遗产，以最大化其在 T 期的效用。因为未来已经没有任何机会

① 此系数处于文献估计的风险厌恶系数的合理范围（Chetty，2006）。

需要用到长期护理服务，所以他们一定不会在最后一期支付长期护理保险的保费。继续逆向求解值函数（value function），每个时期老人都会根据他们当前所处的经济状态 $X_t = \{age, health_t, A_t, H_t, INC_t, P_{st}\}$，来选择决策向量 $d_t = \{C_t, D_t, N_t\}$，以最大化他们的当期效用与未来（直到最终期）的最优期望效用之和。如果老人处于不需要长期护理服务的健康状态，他们会选择消费数量并决定是否购买长期护理保险。如果老人处于需要长期护理的健康状态，则需要选择去哪个类型的护理院。按同样的方法逆向对每期进行计算，将可以记录完整的决策规则（decision rules）。有了决策规则，就可以通过蒙特卡罗模拟（Monte - Carlo simulations）计算模拟矩。最后是调整长期护理服务质量偏好向量 θ，使模拟矩与数据矩尽量保持一致，即：

$$\hat{\theta} = \min_{\theta} g(\theta, S)'W^{-1}g(\theta, S) \qquad (式 4-21)$$

其中，$g(\theta, S)$ 为模拟矩与数据矩之间的距离向量，W 为权重矩阵。

基准模型估计的长期护理服务质量偏好参数向量如表 4 - 3 第 1 列所示，第 2 列展示了系数所对应的标准误。估计的截距项为 -0.1121。截距的符号与预期一致为负，代表无论老人的年龄与收入，当不得不进入低质量护理院接受长期护理服务时，老人将遭受效用损失。收入的系数为 -0.0015。系数为负，也与预期相符。这表明平时生活水平更高的老人在接受低质量长期护理服务时，面临的效用损失更大。这是非常合理的，中低收入的老人可能会认为，低质量护理院的生活条件尽管不理想，但是可以接受，而当高收入老人在低质量护理院接受长期护理服务时，他们感受到的生活水平变化会更明显，这也将导致他们受到更大的效用损失。估计的年龄系数为 -0.0106，因此，年纪更大、身体状况更差的老人在进入低质量护理院时会面临更大的效用损失。年龄平方系数的为正，但在 5% 的统计显著性水平下与 0 无差异，表明年龄对长期护理服务质量偏好的影响大致为线性。

表 4-3　　参数估计结果

估计的参数	基准模型		b=0		男性	
	估计系数	标准误	估计系数	标准误	估计系数	标准误
截距项	-0.1121*	0.0066	-0.1218*	0.0151	-0.0763	0.1044
收入	-0.0015	0.0474	-0.0015	0.0514	-0.0012	0.1838
年龄	-0.0106*	0.0034	-0.0107	0.0117	-0.0390*	0.0169
年龄平方	0.0004	0.0035	0.0003	0.0171	-0.0001	0.1853
校准的参数						
β-时间贴现因子	0.97		0.97		0.97	
γ-风险厌恶系数	2		2		2	
b-遗赠动机	1		0		1	
Rf-无风险利率	1.03		1.03		1.03	

资料来源：作者计算。

为更明确地解释长期护理服务质量偏好参数的影响，以一位拥有中位数收入（年收入 16 761 美元）的单身女性老人为例，如果她在 84 岁（女性平均第一次使用护理院服务的年龄）时进入低质量护理院，那么她在低质量护理院里居住一年的边际效用损失是 0.1893。如果假设她在不需要长期护理服务的健康状态下每期都消费她的全部收入，即 16 761 美元，那么 0.1893 的边际效用损失就相当于她的消费降低至 4 017 美元，这相当于 12 744 美元（16 761 - 4 017 = 12 744）的消费下降。因此，与高质量和低质量长期护理机构的费用差异 2.4 万美元（7.2 万美元 - 4.8 万美元 = 2.4 万美元）相比，针对中等收入老人的长期护理服务质量偏好参数显示老人购买长期护理保险的意愿较弱。Medicaid 隐性税（implicit tax）则会进一步降低老人购买长期护理保险的意愿。总之，本章与 Brown 和 Finkelstein（2008）的观点一致，即公共健康保险对长期护理保险的挤出作用是老人对长期护理保险需求不高的最主要原因。

五、模型拟合

图 4 - 8 按收入十分位排序比较了基准模型模拟的长期护理保险覆盖率和通过 HRS 数据计算的长期护理保险覆盖率，可以发现模拟覆盖率与数据覆盖率的匹配程度非常高。本部分的结构模型完美地捕捉了长期护理保险覆盖率随个人收入单调上升的关键特征。收入最低的 20% 老人的长期护理保险覆盖率低于 3%，而拥有最高收入的 20% 老人的长期护理保险覆盖率则接近 20%。处于收入十分位前 8 位老人的整体模拟长期护理保险覆盖率为 6.8%，非常接近 HRS 数据的 7.0%。

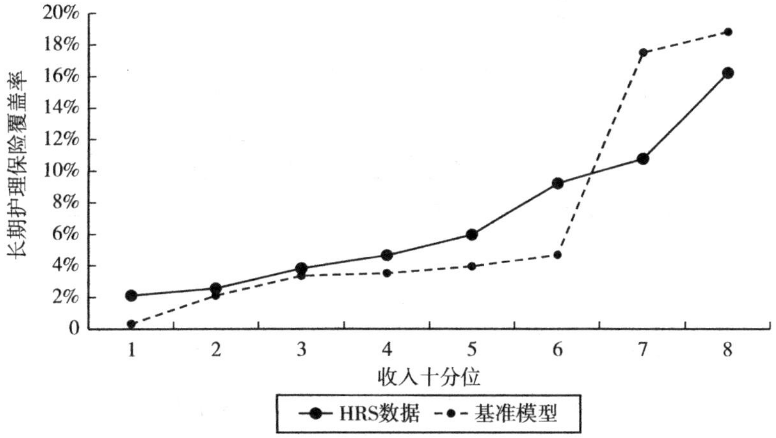

图 4 - 8　按收入排序的基准模型模拟长期护理保险覆盖率

资料来源：作者计算。

图 4 - 9 比较了按金融资产排序的模拟和数据长期护理保险覆盖率。从图中可以发现，这组模拟矩与数据矩同样相当接近，但金融资产最高的 20% 老人的长期护理保险覆盖率呈现了下行的趋势。这主要是因为模型中只设定了两类护理院，而且高质量护理院的费用也仅为全美的平均价格。因此，数据中高资产的老人可以相对轻松地支付模型中高质量

护理院的费用，而不会遭受任何效用损失，长期护理保险对他们并不是必需的。然而，现实中拥有最高资产的老人可能无法接受平均质量的长期护理服务。他们的目标会是质量更好，同时收费更高的护理院。这就会导致在现实中，高资产老人的资产—长期护理服务费用比例下降，并显著增加他们对长期护理保险的需求。

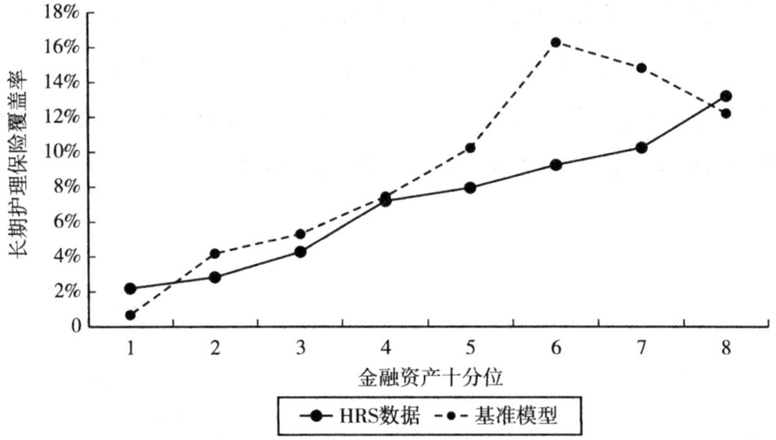

图4-9　按金融资产排序的基准模型模拟长期护理保险覆盖率

资料来源：作者计算。

图4-10比较了中产老人（总资产五分位第3位）按照房产占总资产比例分组的模拟和数据长期护理保险覆盖率。两者的关键特征仍然保持了高度一致。曲线总体向右下方倾斜的趋势表明，在控制总财富的情况下，房产价值越高的家庭购买长期护理保险的比例越低。这可能与他们利用房产来对未来的长期护理服务需求进行自我保险有关。当房产占总资产的比例为30%—40%时，20%以上的家庭会购买长期护理保险。当房产占总资产的比例达到60%以上时，长期护理保险的覆盖率就会降到5%以下。

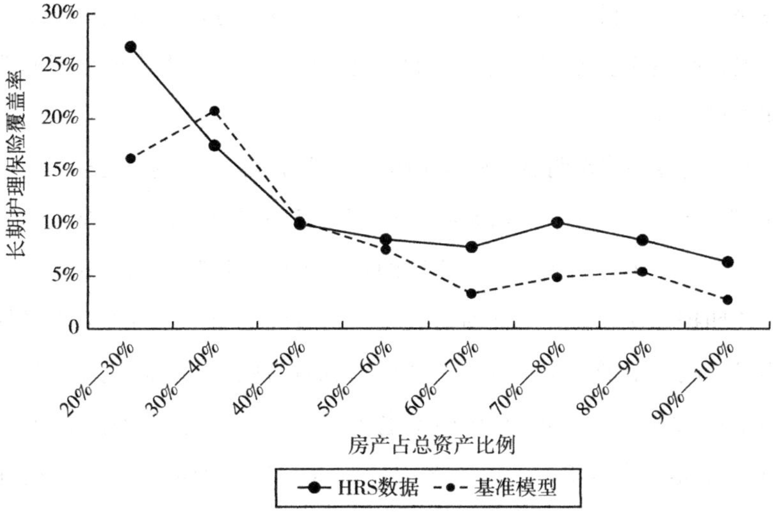

图 4-10 按房产占总资产比例排序的基准模型模拟长期护理保险覆盖率

资料来源：作者计算。

六、房产的影响

随着房产占总资产比例的增加，两个因素可能导致长期护理保险覆盖率下降：首先是模型中假设的原因，即老人可以利用自住房产对未来的长期护理服务费用进行自我保险。但从另一个角度来说，如图 4-6 所示，长期护理保险的覆盖率会随着老人金融资产的增加而单调上升。当控制总资产时，房产占总资产比例的增加意味着金融资产的减少，因此，图 4-10 中长期护理保险覆盖率的下降也有可能是金融资产减少所导致的结果。本部分将利用一个反事实房产实验进一步考察房产对长期护理保险购买决策的真实影响。实验的核心假设是禁止老人使用房产来支付护理院服务费用。更具体的设定为：一旦老人搬离社区中的住房进入护理院，房产的所有权就将立刻转移给继承人，老人只会在死亡时获得遗赠带来的效用。因此在老人不需要长期护理服务时，本实验中的房产可以为他们提供居所，本实验中的房产也可以在老人去世时满足他们的遗赠需求，但是本实验中的房产不能用于对未来长期护理服务费用的自我保险。如果模型的假设是正确的，那么本部分数值模拟的长期护理保险覆盖率应该会增加，尤其是拥有高价值房产的老人应该会开始购买长期护理保险。

实验的效果非常明显。样本模拟长期护理保险覆盖率增长至12.6%。这比基准模型的预测（6.8%）提高了5.8个百分点，或85.3%。图4－11展示了按收入十分位排序的长期护理保险覆盖率的变化。可以发现长期护理保险覆盖率在所有收入组均有所增加，且高收入组增加的更明显。收入最低的10%老人的模拟长期护理保险覆盖率从0.33%增加到了0.42%。收入最高的10%老人的模拟长期护理保险覆盖率从18.5%增加到了34.8%。由于老人的收入与房产价值之间存在很强的正相关关系，低收入老人拥有高价值房产的可能性不大，因此，实验对他们的影响基本上可以忽略不计。高收入老人通常拥有高价值的房产。如果禁止他们出售自己的房产来支付护理院服务费用，会显著降低他们对未来长期护理服务需求的准备程度，从而导致这些老人购买长期护理保险以避免进入低质量护理院。按金融资产十分位排序的长期护理保险覆盖率也显示了类似的结果：所有金融资产组的模拟长期护理保险覆盖率都有所增加，同时高资产老人的反应更为显著。

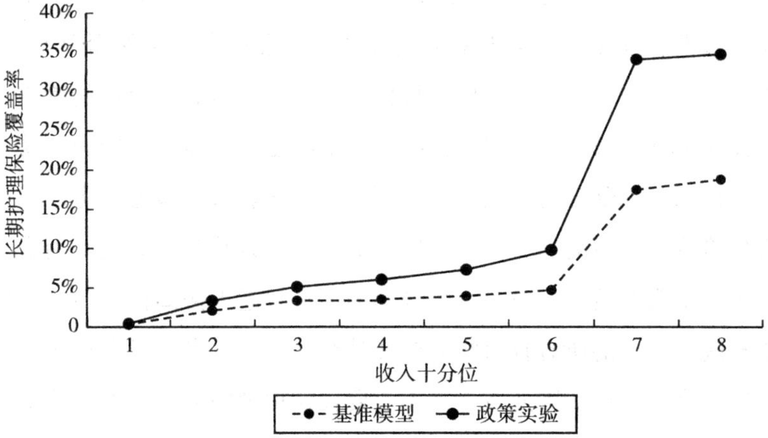

图4－11　按收入排序的反事实房产实验长期护理保险覆盖率

资料来源：作者计算。

图4－12展示了实验中按房产占总资产比例排序的长期护理保险覆盖率（中产家庭）。可以发现，当房产价值较低时，禁止使用房产支付长期护理服务费用对老人行为的影响不大。例如，房产占总资产不到30%的老人的模拟长期护理保险覆盖率从16.2%提高到了18.9%，仅增加了2.7个百分点。当房产占总资产的比例较大时，模拟长期护理保险覆盖率会显著增加。例如，房产占总资产比例为60%—70%的老人的模拟长期护理保险覆盖率增加了19.4个百分点，从3.3%上升到了22.7%。最后，对绝大部分财富以房产形式存在的老人来说（房产占总资产比例达到90%—100%），他们在实验中的模拟长期护理保险覆盖率也提高不大。这是因为他们无法出售房产用于消费，支付长期护理保险的保费会消耗他们本就不多的金融资产，从而会导致消费以及消费带来的效用大幅下降，所以这些老人购买长期护理保险的比例也比较低。

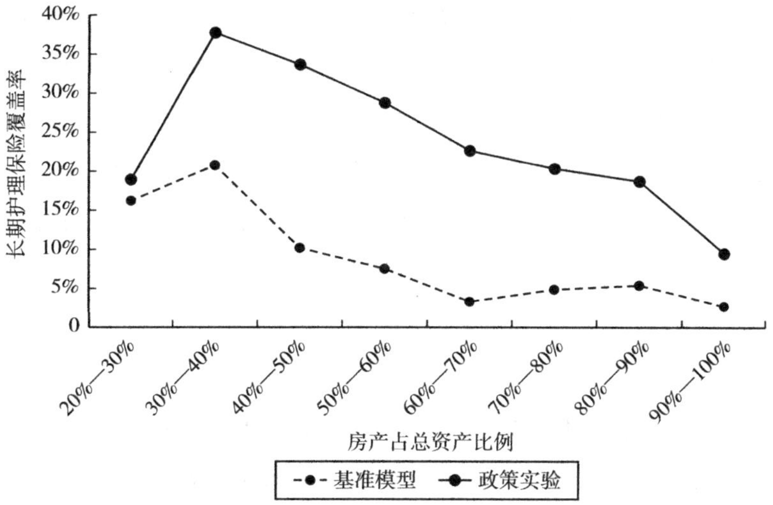

图4－12　按房产占总资产比例排序的反事实房产实验长期护理保险覆盖率

资料来源：作者计算。

综上所述，实验证实确实有部分老人会使用房产对未来的长期护理服务费用进行自我保险，这与Davidoff（2008，2010）的结论是一致的。

七、稳健性检验

基准模型设定遗赠动机系数为1，这与French和Jones（2004）的假设一致。然而，也有大量的文献指出，老人的遗赠动机可能并不强。因此，很多相关研究（Brown and Finkelstein，2008；Davidoff，2009）都在基准模型中假设老人没有遗赠动机。为验证本章结论的稳健性，本部分将在无遗赠动机（$b=0$）的假设下重新对模型进行估计。此时老人的经济决策将不受遗产的影响。如果此时老人的总资产允许他们进入高质量护理院，他们一定会这样选择，因为给继承人留下更多遗产将不再给他们带来任何效用。这个假设进一步削弱了老人购买长期护理保险的动机。此时，老人购买长期护理保险的唯一理由就是确保在需要长期护理服务时进入高质量护理院。在本部分，模型匹配的是与基准模型完全相同的关于长期护理保险覆盖率的一系列统计指标。理论上，本部分估计的长期护理服务质量偏好参数的效果应该会更明显，或者可以解释为，当老人进入低质量护理院时会遭受更大的效用损失。这会导致更多老人为了进入高质量护理院而购买长期护理保险。而基准模型中为了给继承人留下更多遗产而购买长期护理保险的老人将不再购买。这两类老人的购买决策变化会相互抵消，从而保证模型的模拟矩与HRS数据矩继续保持一致。

表4-3的第3列和第4列分别报告了稳健性检验的估计系数和对应的标准误。与预期一致，当遗赠动机系数为0时，长期护理服务质量偏好参数向量的截距项变小（绝对值增加），从-0.1121下降到-0.1218。其他三个变量的系数几乎没有变化。新估计的收入、年龄和年龄平方的系数分别为-0.0015、-0.0107和0.0003，而基准模型的估计系数分别为-0.0015、-0.0106和0.0004。这表明，在合理的遗赠动机系数范围内，结构模型的结论是稳健的。

八、男性结果

本部分估计男性单身老人的长期护理服务质量偏好。利用相同的样本选择标准对数据进行处理后，最终男性样本共包括 3 744 个观测值。表 4 - 1 的第 3 列和第 4 列汇报了相关变量的描述性统计。数据显示，全样本和收入十分位前 8 位样本的长期护理保险覆盖率分别为 7.6% 和 5.9% 。尽管数据差异不大，但这两种长期护理保险覆盖率均小于女性的对应覆盖率。这可能是因为男性的资产通常比女性高，或者是因为男性对长期护理服务质量的偏好更低。

接下来，利用同样的两步模拟矩法估计男性的长期护理服务质量偏好。第一步，仍然是估计男性的分年龄健康状态转移矩阵。表 4 - 2 的第 3 列和第 4 列比较了利用估计的男性健康转移矩阵计算的和利用数据计算的关于长期护理使用与预期寿命的统计指标。可以发现男性的模拟矩和数据矩仍然非常相似，表明估计概率的模型构建合理且概率可信。

第二步，再次在给定健康转移矩阵的条件下，利用相同的结构模型估计男性的长期护理服务质量偏好参数。男性与女性在模型中的唯一区别在于男性的长期护理保险保费赔付率仅为 0.5 （Brown and Finkelstein, 2007）。0.5 的赔付率意味着购买保险的男性老人每支付 1 美元的保费，他们预期赔付额的现值只有 0.5 美元。据此，男性长期护理保险保费的公式是：

$$P_{st} = 0.5 \times \frac{NH_h(s_{12s}\sum_{j=s+1}^{T}\beta^{j-s}s_{22j} + \sum_{i=s+1}^{T}\beta^{i-s}(\prod_{j=s}^{i-1}s_{11j})s_{12i}\sum_{i+1}^{T}\beta^{j-s}s_{22j})}{(1 + \sum_{i=s}^{T}\beta^{i-s}\prod_{j=s}^{i}s_{11j})}$$

（式 4 - 22）

模型匹配的数据矩同样是收入十分位前 8 分位的长期护理保险覆盖率、金融资产十分位前 8 分位的长期护理保险覆盖率，以及中产家庭

（资产分布的中间20%样本）按照房产占总资产比例排序的长期护理保险覆盖率。表4－3的第5列展示了男性长期护理服务质量偏好的估计系数，第6列报告了对应的标准误。截距项的符号与预期一致为负，这表明单身男性老人在低质量护理院接受长期护理服务时同样会遭受效用损失，但是此系数比女性的系数小一些。收入的系数也与预期一致为负，并且系数的大小与女性的估计系数非常接近，说明平时生活条件更好的老人在低质量护理院遭受的效用损失更大。年龄的系数与预期一致为负，并且比女性的估计系数更大，说明随着年龄的增长，男性在进入低质量护理院时损失效用的增速更快。这可能是因为男性的预期寿命比女性短，同时在任何给定年龄的健康状况都比女性差造成的。与女性一致，男性年龄平方的估计系数同样接近0，表明长期护理服务质量偏好与年龄之间主要为线性关系。

根据上述估计可以计算，中位数收入的男性老人（22 935 美元）在83岁（男性平均第一次进入护理院的时间）进入低质量护理院时每年的边际效用损失是0.8806，高于女性每年的边际效用损失0.1893。换句话说，男性在低质量护理机构接受长期护理服务时面临比女性更大的效用损失。这就解释了为什么在男性保险赔付率远低于女性的情况下，两者的长期护理保险覆盖率反而没有显著差距。

第五节　反事实政策实验

政策制定者希望鼓励老人购买商业长期护理保险，以减少公共医疗支出。本节利用上一节构建的结构模型和估计的长期护理偏好参数进行反事实政策实验，以考察各种旨在促进长期护理保险市场发展和减少公共医疗支出的公共政策的潜在政策效果。

一、提供保费补贴

在 Lifeplans（2017）发起的调查中，有超过 50% 未购买长期护理保险的老人表示不购买长期护理保险的主要原因是“价格太高”。因此本节首先考察当政府对长期护理保险提供保费补贴，降低老人购买长期护理保险的成本时，老人是否会改变他们的购买决策，并探查补贴政策对财政预算的影响。

在接下来的反事实政策实验中，设定政府为所有长期护理保险提供 20% 的保费补贴。换句话说，当老人在实验中购买长期护理保险时，他们只须支付保费的 80%，另外 20% 保费将由政府支付。模型中的所有其他假设保持不变。

图 4－13 和图 4－14 展示了实验的模拟长期护理保险覆盖率，并与基准模型的模拟结果进行了比较。在实验中，老人购买长期护理保险的成本降低，而长期护理保险提供的保障却并没有任何变化，因此长期护理保险的性价比变高了。图 4－13 显示，收入十分位前 8 位的模拟长期护理保险覆盖率都有所增加，且收入越高的群体保险覆盖率增加越大。例如，收入十分位第 8 位的模拟长期护理保险覆盖率从基准模型的 18.8% 上升到了实验中的 41.6%，提高了 22.8 个百分点，或 121.3%。收入最低的 10% 老人的模拟长期护理保险覆盖率仅稍有增长。虽然政府提供了保费补贴，但是低收入老人要购买长期护理保险，仍然需要削减当期消费以支付剩余的 80% 保费。由于低收入老人消费的边际效用要远高于高收入群体，这导致高质量护理院所提供的效用收益很难完全弥补由普通消费降低所带来的效用损失。因此保费补贴政策对低收入老人的影响要小很多。综合来看，全样本模拟长期护理保险覆盖率从 6.8% 增加到 17.7%，增加了 10.9 个百分点，或 160%。

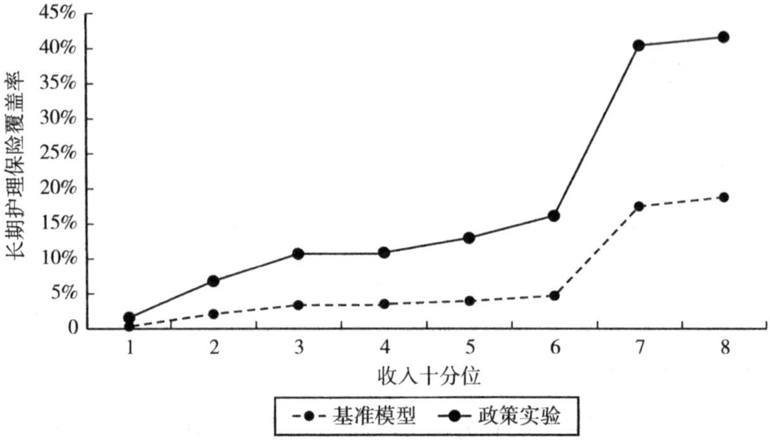

图 4－13　按收入排序的反事实政策实验长期护理保险覆盖率

资料来源：作者计算。

图 4－14 展示了保费补贴对房产占总资产不同比例的老人的决策影响。模拟结果显示，房产价值最低的 10% 老人中有 70% 将购买长期护理保险。实验对拥有高价值房产的老人的影响相对较小，房产价值最高的 10% 老人的长期护理保险覆盖率从 2.7% 上升到了 10.9%，因为他们中的一大部分仍然决定使用房产来对未来的长期护理服务费用进行自我保险。

虽然当政府对长期护理保险进行保费补贴时长期护理保险覆盖率大幅提高，但是在模型中通过计算可以发现，实际上政府对保费的补贴成本要高于由于长期护理保险覆盖率提高而节省的 Medicaid 支出。计算显示：保费补贴政策平均对每个老人提供了 1 351 美元的补贴（预期现值，无条件均值，模型中的总补贴支出除以老人总数，无论老人是否购买了长期护理保险），但 Medicaid 对每个老人的平均支出仅从 10 720 美元下降到了 10 418 美元，即只减少了 302 美元（预期现值，无条件均值）。换句话说，当补贴支出 1 美元时，公共医疗费用只节省了 22.4 美分。

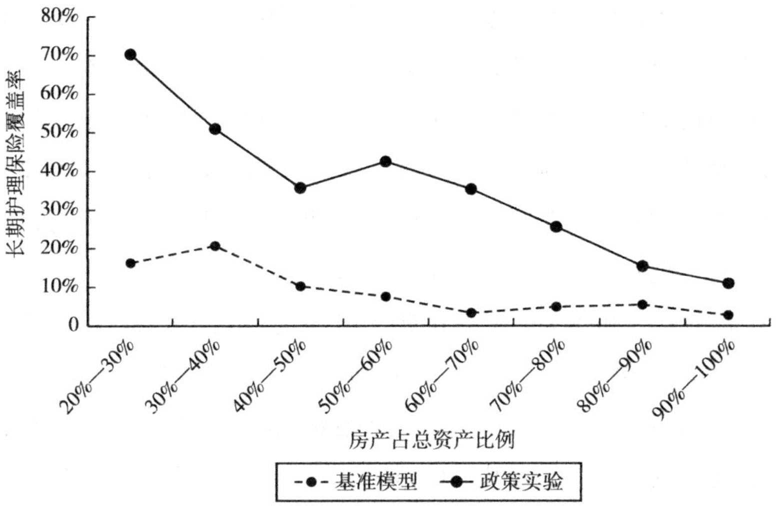

图 4-14 按房产占总资产比例排序的反事实政策实验长期护理保险覆盖率

资料来源：作者计算。

出现这样的结果并不意外。政策效果不佳的主要原因在于政策受益群体存在偏差。当政府对长期护理保险进行保费补贴时，长期护理保险覆盖率的提高主要集中在收入和资产分布的头部。但是，被保费补贴吸引来购买长期护理保险的高收入、高资产老人本来使用 Medicaid 的概率就不大，这就导致补贴支出很高，但公共医疗支出却下降不大。本节估计的补贴效率比文献研究中的更低。Goda（2011）利用美国各州对长期护理保险税收优惠的差异估计了税收补贴对长期护理保险覆盖率以及公共医疗支出的影响。她的结论是每 1 美元的州税补贴将导致 Medicaid 支出的现值下降约 84 美分。本节与文献结果的差异可能由两个原因造成：第一，本节实验提供的保费补贴要比现实中更慷慨。由于被吸引来购买长期护理保险的老人并非依赖 Medicaid 的低收入群体，因此更高的补贴就会意味着更大的财政损失。第二，Goda（2011）假设老人购买的是一份理赔期限四年、日赔付上限 100 美元的长期护理保险合约，而本节假设老人购买的是一份报销全部长期护理服务费用的保单，因此，保费价格更高，当长期护理保险覆盖率增加类似水平时，补贴成本也更高。

根据上述结果，本节进行了另一个利用保费补贴的反事实政策实验。实验设定为，政府只对收入最低的30%老人进行保费补贴。这是原本最可能需要用到Medicaid的群体。图4－15展示了模拟长期护理保险覆盖率的变化。与预期一致，收入最低的30%老人的长期护理保险覆盖率有所增加，但更高收入老人的长期护理保险购买决策没有任何变化。模拟的全样本长期护理保险覆盖率从6.8%上升至8.4%，增加了1.6个百分点。Medicaid人均预期支出的现值从10 720美元下降到10 629美元，减少了91美元。保费补贴的平均成本为每人127美元。与全面20%保费补贴相比，有针对性地对低收入群体进行保费补贴可以得到更大的收益－成本比（0.716 vs. 0.224），但此政策对长期护理保险覆盖率的影响较弱。

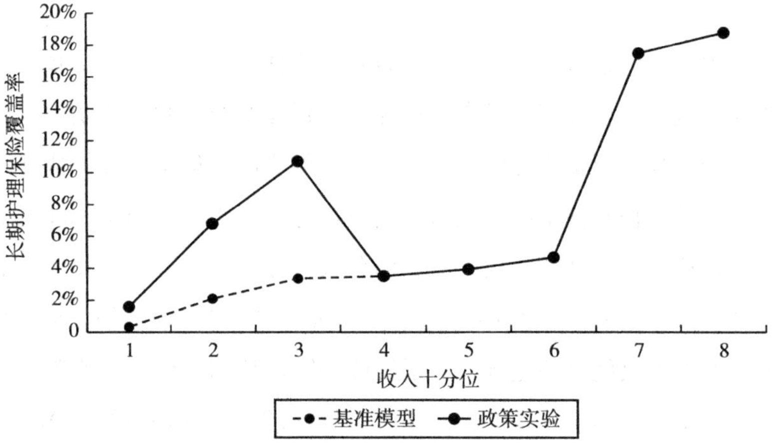

图4－15　按收入排序的反事实政策实验长期护理保险覆盖率

资料来源：作者计算。

二、实施遗产追收政策（Estate Recovery Programs，ERPs）

虽然目前美联邦政府已经要求各州实施遗产追收（ERPs）政策，但执行得并不成功。大多数州的遗产追收金额不到Medicaid护理院服务支出的1%，全美整体追收金额占Medicaid护理院服务支出的比例更是仅有0.61%（Wood and Klein，2007）。因此，不出意外，目前ERPs政策对老人购买长期护理保险的决策暂时没有显著影响。但是，文献（例如Greenhalgh－Stanley，2012）发现ERPs会显著影响老人与资产相关的其他决定，因此，本节利用反事实政策实验，考察了如果各州全面严格执行ERPs政策会对长期护理保险市场产生什么影响。

实验设定老人的房产仍然免于Medicaid的资产检查，但是如果老人生前利用过Medicaid支付长期护理服务费用，那么政府可以在其死亡后从其遗留的房产中追回Medicaid支出。利用本实验可以探索ERPs政策没能影响长期护理保险市场的确切原因：这可能是因为ERPs政策执行得很糟糕，所以老人不把它当回事；或者是因为ERPs政策存在设计缺陷，导致它原本就没有能力来有效刺激老人购买长期护理保险。

本实验更具体的设定为：当生前利用过Medicaid支付长期护理服务费用的老人死亡后，如果他们给继承人留有房产，那么Medicaid将对为老人支付的长期护理服务费用进行追收。老人留给继承人的房产将优先被用于偿还Medicaid为老人支付的费用加利息。追收后房产的剩余部分以及Medicaid资产检查所允许老人保留的2 000美元金融资产将转赠给继承人。实验保持其他所有假设不变。

反事实政策实验的数值模拟表明，严格执行ERPs政策可以显著节省公共医疗支出，平均每人追回的Medicaid支出达3 197美元，约为Medicaid为老人总体支付长期护理服务费用的31.3%。但是，ERPs政策基本对长期护理保险覆盖率没有影响。模拟的全样本长期护理保险覆盖率仅从基准模型的6.8%增加到7.0%，即0.2个百分点或3%。

要解释这个结果，首先要考虑ERPs政策会从哪些方面对老人造成影响。ERPs政策仅在老人去世后对Medicaid为老人支付的长期护理服务费用进行追收，它并不影响老人使用Medicaid。只要老人的金融资产低于2 000美元，同时月收入30美元以上的部分用于支付长期护理服务费用，Medicaid就会为他们支付长期护理服务费用。因此，ERPs政策唯一影响的就是老人留给继承人的遗产。

其次考虑哪个群体的老人会受到ERPs政策影响。没有房产的老人显然不受ERPs政策的影响。有房产的老人可以根据他们进入护理院时的经济情况分为四类：第一类老人购买了长期护理保险，并利用长期护理保险支付高质量护理院的费用。ERPs政策并不会增加或降低长期护理保险的价值。在严格执行ERPs政策前购买长期护理保险的老人，在政策实施后仍然会购买长期护理保险。第二类老人利用自己的预防性储蓄（包括金融资产和房产）支付高质量护理院的费用。对于这个群体，房产等价于金融资产，两类资产都是用来支付长期护理服务费用的资源。他们一般不会使用Medicaid，当他们开始利用Medicaid支付长期护理服务费用时，就意味着他们所有的金融资产和房产都已经耗尽，即已经没有任何可以追收的遗产了。ERPs政策对这类老人没有影响。无论ERPs政策是否严格实施，他们的决策都是一样的。第三类是总资产无法满足高质量护理院资产审核的老人。ERPs政策会对他们的长期护理保险购买决策产生影响，但是他们通常没有高价值的房产，支付高额的保费来保护他们低价值的房产并不合算，所以ERPs政策对这类老人的影响也不会很大。第四类老人可以满足高质量护理院对总资产的要求，有资格进入高质量护理院，但他们为了给继承人留下更多遗产而选择在低质量护理院接受长期护理服务。ERPs政策对这类老人的影响最大。然而，无论是在模型中还是在现实中，这类老人的比例都非常少。模拟结果显示只有0.98%的老人愿意做这个选择。综上所述，当结合所有情况时，ERPs政策对长期护理保险购买决策影响很小就不难理解了。

第六节　结　　论

本章利用HRS数据构建了一个结构模型，从老人对高质量长期护理服务偏好的角度考察了老人对长期护理保险的需求。本章的估计发现大多数老人的长期护理服务质量偏好（用于衡量在低质量护理院接受长期护理服务时所遭受的效用损失）较弱，这导致公共健康保险 Medicaid 挤出了老人对商业长期护理保险的需求。另外，本章还发现部分拥有高价值房产的老人利用自住房对未来的长期护理服务费用进行自我保险。如果禁止老人使用房产来支付长期护理服务费用，模拟显示长期护理保险覆盖率将增加 85.3%。最后，本章通过反事实政策实验考察了两种可能刺激长期护理保险市场和降低公共医疗支出的公共政策的潜在效果。数值模拟显示：对保费进行全面补贴将显著增加长期护理保险覆盖率，但是此政策的成本高于收益，每1美元保费补贴只能减少未来22.3美分的公共医疗支出。严格执行 ERPs 政策可以有效地减少公共医疗支出（31.3%），但此政策对长期护理保险覆盖率并没有显著影响。因此，政策制定者在设计可以鼓励老人购买长期护理保险，并降低公共医疗支出的公共政策时面临两难选择。

第五章

长期护理保险的供给

第一节　引　　言

两个关于长期护理保险供给的问题特别值得关注：保险公司给长期护理保险设定的保费金额和支付结构。前者涉及长期护理保险的定价是否精算公平，是否受到道德风险或逆向选择的影响等；后者则涉及老人购买长期护理保险后中途弃保的内生选择。Brown 和 Finkelstein（2007）对第一个问题进行了详尽的考察，本章将在文献部分对他们的数据、方法以及结论进行介绍。第二个问题在文献中研究得较少，也是本章关注的重点。

消费者购买普通健康保险的时间与医疗费用发生的时间相隔普遍较短，但是长期护理保险不同，老人开始支付长期护理保险保费的时间要远早于他们实际需要长期护理服务并报销长期护理服务费用的时间。如第二章和第三章所述，绝大部分的长期护理保险合约购于 65 岁之前，而老人首次使用护理院服务的平均年龄则要在 80 岁之后。在此期间，老人每年都要支付名义固定的长期护理保险保费，一旦停止支付则意味着老人放弃了未来报销长期护理服务费用的权利。从目前的行业弃保率数据和 Health and Retirement Study（HRS）微观调查数据来看，在65 岁前购入长期护理保险的老人中，大约会有 1/4 会在死亡前弃保。这会对老人造成很大的损失：老人会丧失他们的老龄储备（详见本章第三节的介绍），并且当老人在未来重新购入同样条款的长期护理保险时，由于年龄增大，他们每年需要支付的保费将显著增长（老人购买长期护理保险后每年支付的名义保费会固定在购买时的价格。购买时的年龄是影响此价格最主要的因素，详见第二章介绍）。

本章的目的在于考察哪些因素会导致老人在购买长期护理保险后弃保，并根据显著影响老人弃保的因素调查弃保是老人作出的策略性最优选择，还是因为犯了错误。另外，本章还将检验弃保行为会构成动态正向选择，还是逆向选择。

老人的弃保行为可能体现了新信息的获取或缺乏跨期一致性的决策过程。首先，两种不同类型的新信息会影响老人的弃保决策。由于长期护理保险合约的期限很长，换句话说，老人实际报销长期护理服务费用可能发生在他们购买长期护理保险 15 年或更长时间之后，如果老人在此期间了解到自己未来需要长期护理服务的风险低于购买时的预期，那么他们就可能决定不再继续支付保费。本章将这种弃保定义为策略弃保。另一类新信息涉及对老人财务状况的负向冲击。这将影响老人的预算约束，削弱他们支付保费的能力，以及在需要长期护理服务时保护金融资产的必要性（当老人的金融资产低至可以通过针对贫困群体的公共健康保险 Medicaid 的资产检查时，Medicaid 将支付老人剩余的长期护理服务费用，详见第二章的介绍），从而导致老人弃保。本章将这种弃保定义为财务弃保。第二类可能造成老人弃保的原因为老人的偏好跨期不一致。那些在购买长期护理保险时作出了当时的最优选择，制订了未来规划的老人可能无法跨期坚持计划。这可能是由于老人自我控制的问题，也可能是因为老人随着年龄的增长丧失了对财务规划的能力。本章将这种弃保定义为疏忽弃保。

本章同时利用动态优化模型和实证方法评估弃保行为。本章的动态优化模型量化了理性老人弃保的可能原因及后果。模型中的老人从 65

岁开始根据其资产、未来使用长期护理服务的概率和是否可以使用Medicaid支付长期护理服务费用来决定是否购买长期护理保险和最优消费路径（资产消耗路径）。量化分析显示，只有巨大的信息变化才会导致老人策略弃保或财务弃保。这是因为模型中只有金融资产和收入相对较高的老人才会购买长期护理保险，而他们在年龄非常大（82岁以上）之前会一直高度重视长期护理保险对未来可能发生的长期护理服务费用的风险保障功能。因为此理论模型无法完全解释现实中极低的长期护理保险覆盖率（Friedberg等，2016；Brown and Finkelstein，2009）所以这个模型也不可能完全解释弃保。因此，本章还额外利用了实证方法来考察老人弃保的原因。

首先，本章利用HRS数据设置了可以分别对应上述三种弃保解释的代理变量，并分析了2002年拥有长期护理保险的样本在2002—2006年的弃保行为。实证结果证实，理性决策模型中导致弃保的两个原因（策略弃保和财务弃保）都显著存在，但是影响程度较弱。本章的主要发现反而是：弃保与老人的认知得分具有统计显著的负相关关系。如果将样本中每个认知得分低于中位数的老人的认知得分都设定为中位数，那么弃保行为会降低17%。这说明了疏忽弃保在现实中的重要性。

其次，本章利用前述动态优化模型计算了老人意外弃保所面临的福利成本。模型假设老人在65岁时依照终生预期效用最大化决策购买了长期护理保险，但在75岁时意外弃保。如前所述，购买了长期护理保险的老人在信息没有出现巨大变化且年龄没有达到特别大之前将对保险合约维持较高的支付意愿，因此老人意外弃保造成的福利损失很高。除丧失老龄储备之外，由于在意外弃保前老人都会认为将继续持有长期护理保险合约，因此意外弃保的老人还会在弃保前选择错误的消费路径。数值模拟显示，与预期中的弃保相比（即模型假设老人在65岁时购买长期护理保险，并在购买时就已经计划好会在75岁时弃保），在75岁意外弃保的单身男性和女性老人由于在弃保前过度消费，使他们弃保的福利损失分别额外增加了30%和10%。

最后，本章通过分析在2002—2006年弃保的老人后续在2006—2012年使用护理院服务的情况，考察了弃保行为构成动态逆向选择还是正向选择。本章发现，策略弃保会产生动态逆向选择，这有助于解释长期护理保险的高保费和低覆盖率。同时，本章还发现了认知障碍导致动态正向选择的证据（从保险公司的角度）。在2002—2006年弃保的样本中，23%的老人在2006—2012年使用了护理院服务，而未弃保样本使用护理院服务的比例仅为16%。此外，老人的认知得分对其后续长期护理服务的使用也具有统计显著的负向影响。

总之，由于对没有购买长期护理保险或不满足Medicaid条件的老人需要自费支付的长期护理服务费用非常高，因此这种预期外的疏忽弃保会造成老人面临显著的福利损失。

本章的剩余部分安排如下：第二节总结了关于长期护理保险供给的相关文献；第三节介绍了弃保率的行业数据，并利用动态优化模型量化分析了老人意外弃保的福利损失；第四节介绍了本章使用的两个计量模型，分别用于分析老人弃保的原因以及他们后续使用护理院服务的动态选择；第五节介绍了HRS数据中关于弃保的相关问题，并汇报了样本的描述性统计；第六节展示并解释了实证结果；最后一节做了总结。

第二节　相关文献综述

一、与弃保相关的文献

与弃保相关的核心问题是信息不对称（购买长期护理保险的老人拥有不可观测的私人信息）和逆向选择（未来有更高概率使用长期护理服务的老人才会购买长期护理保险）。文献发现长期护理保险市场中两者同时存在（Finkelstein and McGarry，2006；Finkelstein 等，2005a；Finkelstein 等，2005b），这可能导致长期护理保险合约价格昂贵，同时导致长期护理保险的弃保率高、覆盖率低。

Finkelstein 和 McGarry（2003，2006）利用 HRS 数据发现，即使控制所有可能影响老人未来使用长期护理服务的可观测因素后，老人在访谈中自报的未来使用护理院服务的概率也对其未来实际使用长期护理服务的情况具有很强的预测作用。但是，尽管老人拥有私人信息，平均而言，购买了长期护理保险的老人却并没有比未购买长期护理保险的老人使用更多的长期护理服务。Finkelstein 和 McGarry（2006）解释了其中的原因：购买了长期护理保险的老人在使用各种衡量标准时都显得更风险厌恶，而更风险厌恶的老人在未来使用长期护理服务的概率更小。所以，购买了长期护理保险的其实是两类老人：第一类拥有自身未来使用护理院服务的不可观测的私人信息，他们在未来使用长期护理服务的概率更高；第二类则更风险厌恶，他们在未来使用长期护理服务的概率较低。两类老人的效果互相抵消，导致购买或未购买长期护理保险的老人后续使用护理院服务没有显著差异。这说明了两点：第一，如果是偏好而不是对未来的预期影响了老人的弃保决策，那么信息不对称的存在并不妨碍老人的弃保行为和后续的长期护理服务使用之间出现负相关关系。第二，反过来说，如果老人的弃保行为和后续使用长期护理服务之间没有任何统计显著的相关关系，那么也并不能证明信息不对称不会影响老人的弃保行为。因此，在考察老人的弃保行为，以及弃保行为和后续使用护理院服务之间的关系时，必须要同时考虑和控制老人的风险偏好和私人信息。

与 Finkelstein 和 McGarry（2006）不同，Finkelstein 等（2005a，b）关注的是弃保问题。他们利用 HRS 数据发现弃保的老人在 1996—2000 年使用护理院服务的概率比未弃保的老人低 2.4 个百分点。注意由于数据问题，本章无法利用 2002 年及以后的 HRS 数据重现上述关于动态逆向选择的证据（详见第五节）。尽管发现了动态逆向选择的证据，

Finkelstein 等（2005a，b）仍然认为，理性动机不能完全解释老人的弃保行为。这与本章得出的结论相似：即使本章在实证模型中控制了更多的解释渠道和自变量，本章也认为，理性原因无法完全解释老人的弃保行为。Finkelstein 等（2005a，b）指出，购买长期护理保险后短期内极高的弃保率无法完全用新信息来解释（老人在购买长期护理保险合约后立刻得到不应该购买长期护理保险的新信息，从而决定弃保）。这再一次与本章模型的发现一致，即老人需要财务或信息（使用长期护理服务的预期）的剧烈变化才会策略弃保[①]。

不少其他研究也使用了 2002 年以前的 HRS 弃保数据。McNamara 和 Lee（2004）展示了一些财务弃保的证据。Konetzka 和 Luo（2011）使用 1996—2010 年的 HRS 数据分析了老人的弃保行为和后续使用护理院服务之间的关系。还有两篇关于弃保的论文利用了 HRS 在 2002 年以后添加的新问题，但都没有考虑动态选择。其中，Li 和 Jensen（2012）发现当老人缺乏对保险条款的了解、接触过长期护理服务体系、购买的长期护理保险保费较低、购买的长期护理保险合约保障程度较低、收入和资产较低时，弃保的概率会增加。Cramer 和 Jensen（2008）发现，存在日常生活障碍的老人更容易弃保。Browne（2006）则利用业界数据发现，由于保费上涨而弃保的老人在未来需要长期护理服务的概率更低。

二、供给侧的其他问题

Brown 和 Finkelstein（2007）发现，长期护理保险的供给存在两大问题：第一，典型长期护理保险合约的保障程度有限；第二，长期护理保险定价的附加费率较高。

关于保障程度，Brown 和 Finkelstein（2007）利用业界数据分析了 2002 年售出的长期护理保险保单。他们发现，老人在 2002 年购买的长

① Gan 等（2015）的方法可用于检验私人信息在保险市场中的作用。

期护理保险合约通常存在 30—100 天的等待期、1—5 年的终生理赔期限和 100 美元的日赔付上限。另外，大约 60% 老人购买的长期护理保险合约不包括通货膨胀保护，因此面临名义固定的日赔付上限。这些老人选择的保险条款导致他们购买的长期护理保险的保障程度不高。首先，日赔付上限较低。2002 年，护理院双人间的费用是每天 143 美元（MetLife Mature Markets Institute，2002），这显著高于典型长期护理保险合约中的日赔付上限。因此，当购买了典型长期护理保险合约的老人需要护理院服务时，保险公司每天将只赔付 100 美元，老人每天至少需要自费支付剩余的 43 美元护理院服务费用。另外，名义固定的日赔付上限也是保障程度不高的主要原因。由于老人使用长期护理服务的时间要远晚于购买长期护理保险的时间，同时长期护理服务费用增长很快（每年 4%—5%），因此，等老人真正需要长期护理服务时，他们会发现保险合约的日赔付上限远低于实际需要支付的长期护理服务费用。最后，有限的终生最高理赔期限也会使老人承担长期护理服务费用的尾部风险。HRS 数据显示，8% 的男性老人和 16% 的女性老人需要长期护理服务的时间超过 3 年（详见第三章），而超过理赔期限的长期护理服务费用则需要老人自费支付。通过综合计算，Brown 和 Finkelstein（2007）指出，2002 年的典型长期护理保险合约大约只能保障老人未来长期护理服务费用预期现值的三分之一。

接下来介绍长期护理保险的定价问题。利用 Robinson（2002）估计的长期护理状态转移矩阵，Brown 和 Finkelstein（2007）计算了老人购买不同长期护理保险合约后需要支付保费的预期现值和未来理赔额的预期现值。他们发现，长期护理保险的保费远高于保险合约的精算公平价格，换句话说，保险附加费率很高。在不考虑弃保的情况下（弃保的老人将一次性放弃所有的老龄储备，并放弃未来获得赔付的权利），Brown 和 Finkelstein（2007）计算出 65 岁购买典型长期护理保险的老人的保险附加费率大约是 18%，即当老人支付 1 美元保费时，保险公司预期将为他们赔付的长期护理服务费用的现值为 82 美分。当考虑本章关注的弃保行为时，保险附加费率将大幅上升至51%，即当老人支付1美元保费时，保险公司预期将为他们赔付的长期护理服务费用的现值仅为49美分。长期护理保险51%的附加费率远超其他各类商业保险产品的附件费率。作为对比，当65岁的老人购买年金寿险时，其附加费率为15%—25%（Mitchell等，1999）。团体健康保险的附加费率仅为6%—10%（Newhouse，2002）。由于存在道德风险和逆向选择等问题，个人健康保险的附加费率较高，为25%—40%，但是直接购买这类保险的人很少。

另外值得注意的是，上述附加费率为不分性别的平均附加费率。由于男性和女性老人支付的长期护理保险保费相同，但女性老人使用长期护理服务的概率更大且时间更长，因此，当Brown和Finkelstein（2007）分性别估计保险附加费率时，他们发现男性老人的保险附加费率要比女性老人高25%—50%。如果购买的是2002年的典型长期护理保险合约，那么在基准假设下，男性老人的保险附加费率为44%，女性老人为-4%。Brown和Finkelstein（2007）发现，尽管女性老人支付的保费远比男性老人优惠，甚至比精算公平更合算，但是他们的长期护理保险覆盖率却并不比男性老人更高。因此，他们的结论是，只看供给侧原因无法完全解释长期护理保险的低覆盖率。

第三节　弃保的行业数据与福利损失

长期护理保险的弃保率显著高于普通健康保险。图5-1展示了1984—2007年售出的非团体长期护理保险随保单购入年限逐渐下降的在保率（按售出保险合约年份计算的在保合约百分比）。可以发现，20世纪80年代售出的长期护理保险的弃保率非常高。近期售出长期护理保险合约的弃保率有所下降，但仍然比较可观。在1992—1996年售出的长期护理保险中，24.7%的保险合约在5年后被弃保，40.3%的保险合约在15年后被弃保。根据目前的弃保率计算，在65岁之前购买了长期护理保险的男性和女性老人在死亡前弃保的概率分别达到了27%和29%。值得指出的是，本章在计算上述概率时使用了2015年精算师协会的研究数据（Society of Actuaries，2015），而计算图5－1中展示的比例时则使用了2011年的精算师协会研究数据（Society of Actuaries，2011）。这是为了尽量在图中展示时间跨度更长的长期护理保险弃保率的变化。2015年的精算师协会研究数据只包含2000年以后的保单信息，因此无法按购入年限和保单售出年份对弃保行为进行更长时间的考察。

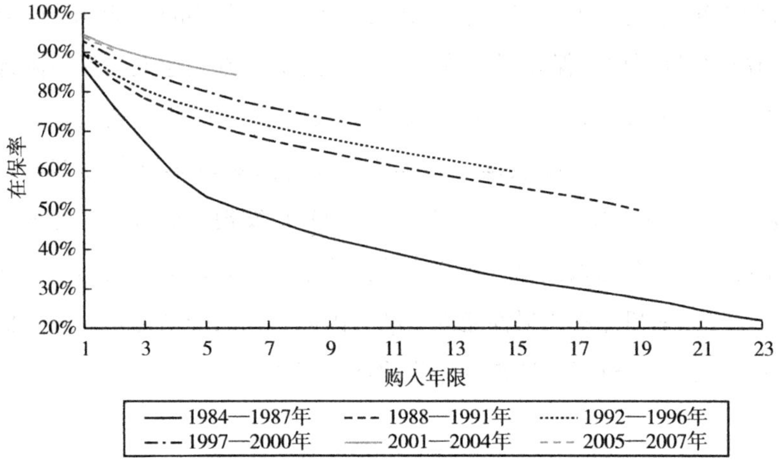

图5－1　按保单售出年份排序的累积在保率

资料来源：作者根据精算协会的数据（Society of Actuaries，2011）计算。

老人由于弃保所放弃的“老龄储备”非常可观。因为长期护理保险的保费在保险合约存续期间保持不变，而老人需要长期护理服务的风险却随年龄的增长而变大，所以老人支付的新购入保险合约的保费要远高于保险公司当期预期赔付的长期护理服务费用。因此，老人新购入长期护理保险后数年所支付的超额保费会在事实上形成一笔准备金，即“老龄储备”。随着年龄增长，老人在未来每年预期报销的长期护理服务费用将超过其所支付的保费，此时就是在逐渐消耗之前积累的“老龄储备”。如果老人中途弃保，则相当于一次性放弃这笔准备金。如果老人未来想重新购买同样条款的长期护理保险合约，他们将面对更高的保费，同时也必须重新开始积累“老龄储备”。

本节利用两种方法更清晰地评估了老人弃保的损失。首先，本节计算了老人在健康的前提下，每个年龄未来所须支付保费的预期现值和未来保险合约赔付长期护理服务费用的预期现值。此计算展示了独立于老人偏好之外的长期护理保险的金融价值。计算选取的长期护理保险合约根据 Brown 和 Finkelstein（2007）中描述的典型长期护理保险合约确定关键条款，并根据 2015 年的最新数据对条款中涉及的价格、费用和限额进行了更新。计算所需要长期护理状态转移矩阵为第三章中估计的长期护理服务需求矩阵。其次，本节构建了一个类似于 Brown 和 Finkelstein（2008）和 Friedberg 等（2016）中关于单身男性和女性老人进行最优长期护理保险购买决策的动态优化模型，并计算了不同资产的老人（按资产水平分组）在不同年龄对典型长期护理保险合约的支付意愿。此计算中的支付意愿不仅取决于长期护理保险的预期收益（报销长期护理服务费用的金额）是否超过预期成本（保费），还取决于包括资产、风险承受能力和 Medicaid 选项在内的其他的人口、经济和政策因素。

本章利用上述计算结果考察新信息（老人使用长期护理服务的预期或财务状况）需要有多大幅度的变化才会导致老人进行理性的策略弃保或财务弃保。从每个年龄预期未来应交保费的现值和预期未来报销长期护理服务费用的现值的计算结果来看，维持一份典型长期护理保险合约的价值相当高。图 5 - 2A 和图 5 - 2B 显示，老人未来应付保费和报销金额的预期现值的最大值均出现在 65 岁（新购长期护理保险合约时），此时未来应付保费的预期现值显著超过了未来保险合约赔付长期护理服务费用的预期现值。其中，男性老人未来应付保费和报销金额的预期现值相差相当大（预期未来所须支付保费的现值和预期未来保险合约赔付长期护理服务费用的现值分别为 55 196 美元和 21 857 美元），而女性老人两者间的差距则相对较低（预期未来所须支付保费的现值和预期未来保险合约赔付长期护理服务费用的现值分别为60 851美元和46 307美元）。随着年龄的增长，未来所须支付保费的预期现值迅速下降，并在男性73岁和女性68岁后开始低于缓慢下降的未来保险合约赔付金额的预期现值。

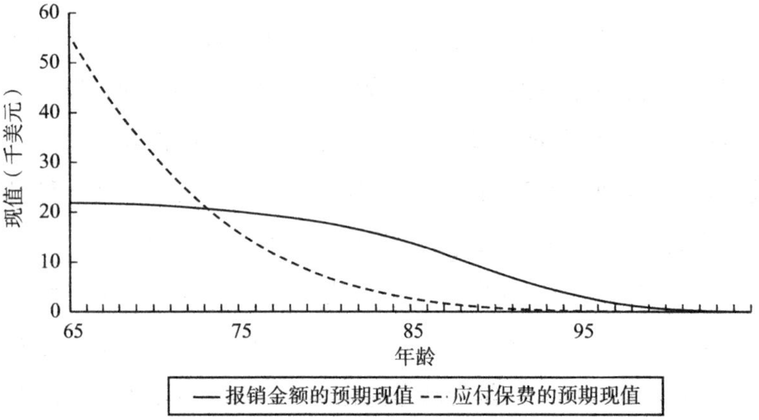

图5-2A　长期护理保险未来应付保费和报销金额的预期现值（男性）

注：典型长期护理保险合约条款。
资料来源：作者计算。

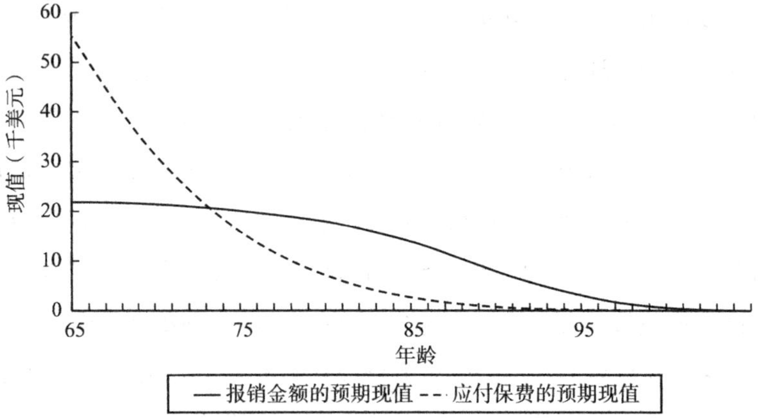

图5-2B　长期护理保险未来应付保费和报销金额的预期现值（女性）

注：典型长期护理保险合约条款。
资料来源：作者计算。

图5-3A和图5-3B显示，资产较高（处于资产百分位第80位的男性老人和处于资产百分位略高于第70位的女性老人）的老人在65岁时对典型长期护理保险合约的支付意愿为正，并且如果没有重大的信息或资产变化，他们的支付意愿在达到很大的年龄之前（82岁以上）将随着年龄的增大持续增长。资产较低的老人在65岁时对典型长期护理保险合约的支付意愿为负。他们应该放弃购买长期护理保险，转而依靠

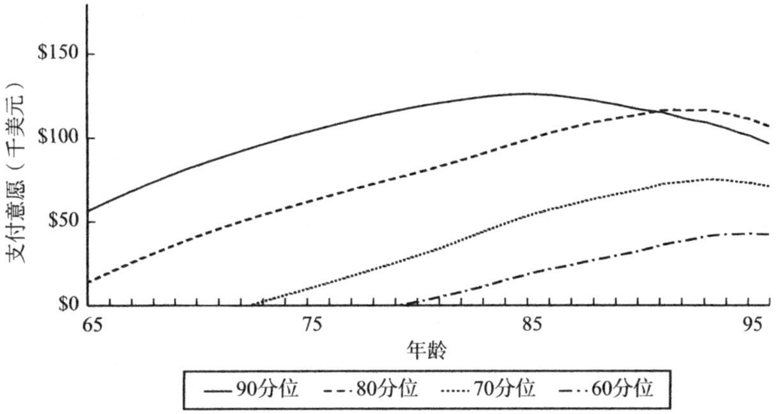

图5-3A　不同资产老人的长期护理保险支付意愿（男性）

资料来源：作者计算。

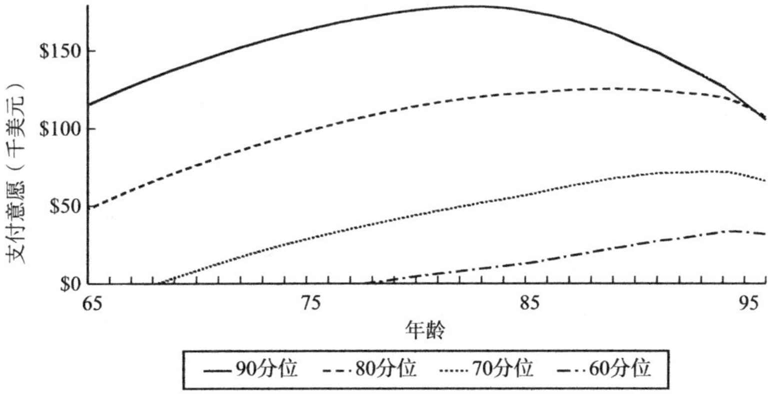

图5-3B　不同资产老人的长期护理保险支付意愿（女性）

资料来源：作者计算。

针对低资产、低收入群体的公共健康保险 Medicaid。但是计算发现，他们的支付意愿也会随着年龄的增大而增加，并在未来的某个年龄变为正值，即不再应该弃保。

在维持健康（不需要任何类型的长期护理服务）的情况下，支付意愿显示，65 岁及以上年龄的老人继续购买长期护理保险合约（按照 65 岁时确定的价格支付保费）总是比弃保更符合老人的利益。分别以处于各自资产百分位第 80 位的单身男性和女性老人为例，他们在 65 岁时分别愿意为购买典型长期护理保险合约额外支付 14 500 美元和 48 400 美元。在之后的数十年中，他们愿意为维持长期护理保险合约额外支付的金额每年都会增加数千美元。直到单身男性老人达到 91 岁、单身女性老人达到 89 岁时，他们持有长期护理保险的价值才会开始下降，其中的主要原因为消费导致的预期中的资产下降使他们的 Medicaid 隐性税上升。

这些结果表明，直到年龄非常大之前，弃保对大多数老人来说都不可能是最优选项，因此基本可以排除理性老人进行计划内财务弃保的可能性，即由于预期中的资产下降（由于退休后收入较低，老人的日常消费将逐渐消耗他们的资产）导致购买了典型长期护理保险合约的老人选择放弃商业长期护理保险，转而依靠存在严格资产和收入检查的 Medicaid。本章考察了多大程度的负资产冲击才会导致弃保成为理性老人的最优选择。计算发现，如果男性老人 65 岁时的资产突然下降至男性资产百分位第 80 位及以下，或女性老人 65 岁时的资产突然降低至女性资产百分位第 70 位及以下，老人才将不再愿意购买长期护理保险。由于长期护理保险对老人的价值随年龄增大而变大，因此随着年龄的增长，老人需要遭受更大幅度的负资产冲击才会选择弃保。

最后，计算发现，老人对未来长期护理需求预期的变化也必须非常大，才会导致老人进行策略弃保。假设动态优化模型中老人的信息突然改变，他们相信在死亡之前完全不可能用到最昂贵的护理院服务，但对养老院服务和家庭护理服务的需求与之前一致，计算发现，即使存在这种重大的预期变化，资产百分位第 80 位的单身女性老人在 75 岁时仍将倾向于维持购买长期护理保险。此时，资产百分位第 80 位的单身男性老人会选择弃保，但是他们从弃保行为中得到的效用收益也非常低。资产百分位第 80 位以上的男性老人仍然会选择继续购买长期护理保险。

总之，动态优化模型的预测说明老人需要极大的财务或信息变化才有理由进行财务弃保或策略弃保。但是，本节使用的生命周期模型原本就没能完全解释数据中长期护理保险覆盖率低的现象（Friedberg 等，2016；Brown and Finkelstein，2007），只使用这个模型解释弃保并不能完全令人信服。因此，本章接下来将对数据中观察到的弃保进行实证研究。

第四节　实 证 模 型

本节介绍弃保模型和后续护理院服务使用模型。弃保模型关注的是 2002 年（HRS 中关于长期护理保险的问题发生显著变化的年份）拥有长期护理保险的 65 岁及以上老人在 2002—2006 年的弃保行为。本章将尝试利用代表前述三种可能原因的变量对老人的弃保行为进行解释。后续护理院服务使用模型考察了这些老人在 2006—2012 年使用长期护理服务的情况，并将其与早期的弃保联系起来，以考察弃保构成了动态正向选择还是逆向选择。

一、弃 保 模 型

为考察老人弃保的原因，我们估计了下面的 probit 模型：

$$Pr(LAPSE_i = 1) = \Phi(X_i \beta + \varepsilon_i),\ \varepsilon_i \sim N(0,\ 1) \quad (式 5-1)$$

其中，如果老人 i 在 2002—2006 年放弃了继续支付长期护理保险的保费，则被解释虚拟变量 $LAPSE_i$ 取 1；如果老人在 2006 年仍然持有长期护理保险合约，$LAPSE_i$ 取值为 0。模型中的解释变量 X_i 包括可能导致老人财务弃保、策略弃保或疏忽弃保的特征变量，以及对人口特征和风险偏好的控制。

如前所述，本节通过选择 HRS 数据中一些包含关键信息的变量，提供了三种可能导致老人弃保的解释。由于回归中存在缺失变量的问题，即使回归结果中并没有出现某种解释显著存在的证据，也不能排除这个解释实际存在。但是，如果可以发现回归中某个解释的代理变量是统计显著的，那么这个解释就一定是合理的。

在评估每种可能的解释时，都应该是代理变量的变化而不是变量本身对弃保存在解释力，但是如果对连续两期 HRS 数据（相隔 2 年）做差会产生显著的测量误差。此外，因为 HRS 数据并不包含老人购买长期护理保险时的信息，所以本章也没办法衡量老人自购买长期护理保险合约以来的环境变化。因此，作为次优选择，本章利用老人 2006 年和 2002 年的变量变化（相隔 4 年）来考察他们的弃保行为。这个选择的合理性依赖于 Hendren（2013）的发现，即保险公司只会把长期护理保险合约卖给有经济能力，同时身体和精神健康状况良好的老人。因此选择 2002 年的信息作为初始信息的合理性在于，即使老人购买长期护理保险时的初始状态对回归结果有影响，那么最有可能反映出来的结果也会是向着弱化本章结果的方向，不会导致得出错误的结论。

老人弃保的第一个可能原因是他们获得了新的风险信息。如果老人突然发现他们未来需要长期护理服务的风险比他们购买长期护理保险时预期的要低，他们实际上没那么需要长期护理保险，那么他们可能会停止支付保费，放任保险合约失效。本章把这种情况称为策略弃保。在实证研究中，本节考察的关于策略弃保的因素包括老人自评 5 年内需要护理院服务的概率和其他主观或客观描述其健康状态的变量，例如自评健康状态、去年的医疗支出（取自然对数）、是否存在日常生活障碍或工具性生活障碍等。此外，本章还考虑了老人是否有配偶、子女或女儿等因素的影响。这些因素可能会促使老人重新评估他们的长期护理服务选项。文献发现，亲属会提供大量的非正式护理服务（包括财务管理），并可能部分抵消认知障碍对老人造成的不利影响（Hiedemann et al.，2018）。

老人弃保的第二种解释是：随着时间的推移，一些购买了长期护理保险的老人可能会把需要按期缴纳的保费视为一种经济负担。例如，老人突然受到了某些资产或收入的负向冲击，或者随着计划内的资产降低，老人面临的 Medicaid 隐性税逐渐上升，这导致老人对长期护理保险的支付意愿降低，从而最终进行财务弃保。在实证研究中，本章将考察资产或收入的变化是否会影响老人的弃保决策。

弃保也有可能是计划外的错误决策造成的。本章把这种弃保的第三种可能解释定义为疏忽弃保。虽然本章无法轻易检验例如老人偏好跨期不一致等原因，但本章尝试利用了另外两组变量来进行检验。首先，本节考察了涉及计划和预防行为的代理变量是否会影响老人的弃保决策，如 Finkelstein 和 McGarry（2003，2006）中使用的是否接种了流感疫苗，是否做过胆固醇测试、子宫颈抹片检查、乳腺癌或前列腺癌筛查等。其次，本节考察了当老人在财务管理方面存在困难时或具有认知障碍时，他们的弃保概率是否会增加，例如老人可能忘了支付保费，或不再理解长期护理保险的潜在价值等。HRS 数据中存在一些问题，旨在揭示受访者的认知状态。本章利用 Hurd 等（2014）发现的对预测老年痴呆具有显著影响的数个变量构建了老人的认知得分，并以此对弃保进行考察。本章同时也考察了存在这些问题是否会导致老人误报长期护理保险信息。

疏忽弃保的老人与理性策略弃保的老人面临的情况完全相反。当老人由于认知障碍出现疏忽弃保时，这些认知障碍会使他们在未来更可能需要长期护理服务，他们反而更需要长期护理保险。

最后，本节还在回归中加入了额外的社会、经济变量，即年龄、性别和教育水平等可能会影响长期护理保险需求的变量。这些变量也反映了保险供给或保险定价等其他信息（Hendren，2013）。

二、使用护理院服务的动态选择模型

策略弃保导致的动态逆向选择有助于解释为什么长期护理保险的保费很高，同时覆盖率很低。由于存在信息不对称，因此检测动态选择的标准模型涉及估计保险所保障的风险，与对应风险在未来实际发生概率的相关性（Chiappori 和 Salanie，2000）。具体到长期护理保险弃保的情况则是需要假设当老人购买保险时，保险公司可以完美观测到描述老人风险类型的一系列变量，同时估计关于弃保和使用长期护理服务的双变量模型，之后检测两个回归的误差项是否具有正相关关系（代表存在动态逆向选择）或负相关关系（代表存在动态正向选择）。

上述测试没有区分基于风险的信息不对称和基于偏好的内生选择（例如风险厌恶者总是喜欢购买保险，尽管他们实际发生风险的概率很低）。如前所述，Finkelstein 和 McGarry（2006）发现，在长期护理保险购买决策中，基于偏好的内生选择的影响可能抵消基于风险的动态选择的效果。因此，即使弃保和使用护理院服务回归的误差项之间不存在负相关关系，也不能证明市场不受信息不对称的影响。为解决这个问题，本节对 Finkelstein 和 McGarry（2006）的模型进行了修正，如下：

$$Pr(CARE_i = 1) = \Phi(X_i\gamma_1 + \gamma_2 LAPSE_i + \epsilon_i) \qquad (式5-2)$$

其中，$CARE_i$ 代表老人 i 是否在 2006—2012 年使用了护理院服务。如果使用过，此虚拟被解释变量取 1；如果没有使用，此虚拟变量为 0。$LAPSE_i$ 的定义与之前相同。X_i 为所有用于解释 2002—2006 年弃保行为的控制变量。如果存在某个解释变量可以同时显著影响老人的弃保行为以及后续使用护理院服务，则意味此解释变量就是动态选择的来源。由于 $LAPSE_i$ 代表老人在使用护理院服务之前是否已经弃保，因此，如果在控制所有解释变量后 $LAPSE_i$ 仍然统计显著，那么就代表着动态选择存在其他不可观测的来源。在估计中，弃保不会导致老人使用护理院服务，其代表没有在控制变量 X_i 中的有关使用护理院服务概率的私人信息。

第五节 数据与实证结果

一、数据

与文献中许多关于弃保的研究一致，本章使用的仍然是 Health and Retirement Study（HRS）数据。此微观面板数据集中包含了本章研究所需的关于老人健康状态和财务情况的详细信息。关于此数据集的详细介绍见第三章。本章着重介绍与弃保相关的变量。HRS 数据曾大幅修改关于长期护理保险的相关问题，并影响到一些年份关于弃保的观测。利用 HRS 中最新版的关于长期护理保险的问题，本章计算的弃保率比前期文献低，但结果与精算师协会汇报的行业统计数据一致。这有助于解释为什么本章发现的关于动态选择的结果与文献不同。

自 1995 年（AHEAD）和 1996 年（HRS）起，老人被问及是否持有长期护理保险。在第 6 期 HRS 调查（2002 年）之前老人还被问及："你是否曾经取消或放弃长期护理保险？" Finkelstein 等（2005a，2005b）使用这些 1996 — 2000 年的问题来衡量老人是否曾经弃保。2002 年之后（包含 2002 年），HRS 中关于长期护理保险的问题出现了两个重要变化。第一，2002 年的 HRS 增加了一个新问题，以澄清老人正在回答的是哪种类型的保险合约。新问题询问受访老人，他们正在回答的长期护理保险合约是否是之前访谈时曾提到过的某个普通健康保险合约之一。这个问题的答案显示被访老人困惑程度较高：在 2002 年回答购买了长期护理保险合约的受访老人中，23% 的老人回答说这是他们之前提到的普通健康保险合约之一。这使人怀疑 2002 年以前老人回答的关于长期护理保险问题的可信度。第二，2002 年后，HRS 移除了直接询问老人是否曾经放弃长期护理保险合约的问题。

因此，本节使用2002年后每期HRS调查中都会问到的是否持有长期护理保险的变化来衡量弃保。根据新定义计算的弃保率与行业统计数据基本一致，这表明HRS中关于长期护理保险问题的新措辞方式为跨期衡量弃保提供的信息是有用的。但是，HRS中关于长期护理保险问题的两个重大变化，即增加关于保险合约类型的澄清以及移除直接询问是否弃保，导致本章不能使用2002年及以后的数据复制早期的分析结果（动态逆向选择），也不能使用2002年以前的数据复制本章的分析结果（动态正向选择）。

本章利用在2002年HRS中首次出现的关于长期护理保险的新问题来确定持有长期护理保险的老人样本。如前所述，2002年HRS第一次将长期护理保险的相关调查问题与老人可能持有的普通健康保险合约完全分开。本章使用老人在访谈中回答的是否持有长期护理保险的跨期变化来确定老人是否存在弃保行为。本章将研究弃保的时期放在2002—2006年，并利用后续2006—2012年老人使用护理院服务的情况来考察弃保的动态选择。2002年1 048位65岁及以上的老人持有长期护理保险。在2006年调查时，仍然可以知道其中966人是否还持有长期护理保险。本章额外剔除了没有回答预期未来使用长期护理服务的概率，或没有回答一系列关于认知能力的问题的老人，因为这些信息对下一节的实证分析至关重要。这导致本章研究弃保的最终样本包括891位老人。他们中的13.0%在2002—2006年停止了支付长期护理保险合约的保费。

表5-1汇报了样本的描述性统计。样本中的老人均在2002年HRS调查时持有长期护理保险，但无法确定他们的购买时间。为了使样本具有全国代表性，本章在计算中使用了个人权重进行加权。样本中老人的平均年龄为73岁，绝大部分处于已婚状态。他们相对富裕，金融资产中位数为125 000美元，年收入中位数为44 380美元。在回归中，本章将控制这些变量的自然对数。他们基本处于健康状态，只有13.5%的

老人自评健康状况一般或差（其他选项为极好、非常好和好），仅有2%的老人汇报存在日常生活障碍。这些结果与预期相符，因为健康状况或经济状况不佳的老人普遍会被拒保（Hendren，2013）。一个有趣的发现是，很多老人（31.3%）报告他们在财务管理方面存在困难。

表5－1　　样本描述性统计

变量	全样本	未弃保样本	弃保样本	p值（t检验）
年龄	73.554	73.238	75.675	0.001***
自评5年内需要护理院服务的概率	19.464	19.580	18.686	0.433
认知得分	2.983	3.017	2.759	0.000***
男性	0.402	0.403	0.396	0.811
教育水平：低于高中	0.084	0.079	0.114	0.175
教育水平：大学及以上	0.574	0.585	0.503	0.191
自评健康：差或较差	0.135	0.125	0.205	0.056*
存在日常生活障碍	0.024	0.021	0.044	0.278
财务规划存在困难	0.313	0.310	0.336	0.553
金融资产（自然对数）	10.969	11.110	10.024	0.002
金融资产中位数	125 000	139 000	50 400	
家庭收入（自然对数）	10.731	10.768	10.480	0.000***
家庭收入中位数	44 380	47 600	35 096	
有孩子	0.926	0.931	0.895	0.199
有女儿	0.763	0.781	0.643	0.007***
医疗支出（自然对数）	7.130	7.140	7.064	0.382
已婚	0.690	0.708	0.566	0.012**
样本量	891			
在2002—2006年弃保	0.130	0	1	
在2006—2012年使用护理院服务	0.323	0.310	0.416	0.015**
样本量	823			

注：计算中利用了个人权重加权。
资料来源：作者利用HRS数据计算。

在2002—2006年弃保的老人与未弃保老人在很多维度存在显著差异。表5-1最后一列展示了两者均值差异检验的值。弃保老人的已婚率显著更低（分别为56.7%和70.8%），收入和金融资产略低，健康状况更差（自评健康状态为一般或差的比例分别为20.5%和12.5%），认知能力也更差（认知得分分别为2.8和3.0）。但两类老人也在一些方面相似，例如，认为财务规划存在困难的比例近似（分别为31.0%和33.6%，差异不统计显著），对未来五年内需要护理院服务的概率也有相近的预期（分别为19.6%和18.7%，差异不统计显著）。除了上述提到的变量，弃保老人在其他很多方面也都比未弃保老人的状况更差。这反映了弃保的所有三种解释（策略弃保、财务弃保、疏忽弃保）可能都具有一定的合理性。

接下来，本章考察了弃保样本中的老人是否在2006—2012年使用了护理院服务，891人中的823人提供了在2006—2012年是否使用过护理院服务的明确信息，其余68位老人的信息缺失。表5-1显示，弃保老人后续使用护理院服务的概率比未弃保老人高很多，达到了41.6%，未弃保老人仅为31.0%。这种统计显著的差异表明长期护理保险市场可能存在动态正向选择，这与Finkelstein等（2005a，b）使用早期HRS数据发现的证据完全相反。

二、弃保的证据

本章接下来将利用probit模型检验策略弃保、财务弃保和疏忽弃保的代理变量是否可以解释2002年持有长期护理保险的老人在2002—2006年的弃保行为。如前所述，由于存在缺失变量问题，估计结果不统计显著并不能排除这些弃保的可能解释，但结果如果统计显著则表明这些原因确实可以解释老人的弃保行为。

弃保模型控制了可能导致老人财务弃保、策略弃保或疏忽弃保的特征，以及老人的人口统计学特征和风险偏好。代理财务弃保的变量是老人的金融资产和收入（取自然对数）。代理策略弃保的变量包括老人的自评未来五年内使用护理院服务的概率、是否存在日常生活障碍、上一年的医疗支出（取自然对数），以及老人是否有配偶和子女，尤其是女儿。代理疏忽弃保的变量是老人的认知得分和是否在财务规划方面存在困难。由于 HRS 数据无法确定老人购买长期护理保险合约的时间，因此本章无法衡量这些变量自老人购买保险合约以来的变化。作为次优替代，本章使用了这些变量 2006 年与 2002 年的差异来考察弃保行为。这样做的合理性在于只有处于健康状态且拥有一定资产的老人才能在购买长期护理保险时不被保险公司拒保（Hendren，2013）。

表 5－2 展示了由 probit 模型估计系数所计算的边际效应。结果表明，老人资产与收入和弃保之间的负相关关系统计显著（收入的系数统计不显著但非常接近），但影响效果较弱。当老人的金融资产减少 10% 时，他们弃保的概率将下降 0.1 个百分点。当老人的收入减少 10% 时，他们弃保的可能性会下降 0.3 个百分点。这些发现为财务弃保假说提供了一定的支持。

表 5－2　　Probit 回归结果（弃保、使用护理院服务）

	被解释变量	
	在 2002—2006 年弃保	在 2006—2012 年使用护理院服务
在 2002—2006 年弃保	—	－0.0172 (0.0575)
年龄	0.0053*** (0.0019)	0.0256*** (0.0036)
自评 5 年内需要护理院服务的概率	－0.0010* (0.0006)	0.0016 (0.0011)
认知得分	－0.0431*** (0.0162)	－0.1450*** (0.0379)

续表

	被解释变量	
	在 2002—2006 年弃保	在 2006—2012 年使用护理院服务
男性	0.025 (0.0248)	-0.0159 (0.0398)
教育水平：低于高中	-0.0122 (0.0360)	-0.0124 (0.0710)
教育水平：大学及以上	-0.0097 (0.0243)	0.0519 (0.0412)
自评健康：差或较差	0.055 (0.0394)	0.1290** (0.0646)
存在日常生活障碍	0.0569 (0.0826)	0.3640*** (0.1350)
财务规划存在困难	-0.0014 (0.0087)	0.0432*** (0.0157)
金融资产（自然对数）	-0.0105*** (0.0034)	-0.0017 (0.0065)
家庭收入（自然对数）	-0.0302* (0.0183)	-0.0027 (0.0293)
有孩子	0.0267 (0.0390)	-0.1850* (0.0948)
有女儿	-0.1040*** (0.0364)	0.0495 (0.0514)
医疗支出（自然对数）	-0.0016 (0.0055)	-0.0034 (0.0102)
已婚	-0.0182 (0.0285)	-0.0563 (0.0478)
样本量	891	823

注：计算中利用了个人权重加权。
资料来源：作者利用 HRS 数据计算。

老人自评未来 5 年需要护理院服务的概率在 90% 的置信水平下统

计显著，但影响效果仍然不大。当老人未来需要长期护理服务的概率增加10%时，他们弃保的可能性会降低0.2个百分点。健康状态较差或存在日常生活障碍并不会显著影响老人弃保的可能性，即使在回归中删除自评未来需要长期护理服务的概率，这些变量的显著水平也不会增加。如前所述，回归中的一个潜在问题是：弃保和自评未来需要长期护理服务的概率之间缺乏显著负相关关系的可能原因在于动态选择与风险偏好的两种效果相互抵消，即类似 Finkelstein 和 McGarry（2006）中发现的结果。在未报告的结果中，本章利用 Finkelstein 和 McGarry（2006）中的解释变量对弃保进行了检测，但并没有发现两种相反效应互相抵消的证据。简而言之，本章发现的可以支持策略弃保的证据很少。

本章最重要的发现是：在控制了包括健康状态在内的其他可能影响弃保的因素后，老人的认知得分与弃保之间存在统计显著的负相关关系，而且效果很强。当老人的认知得分下降认知得分分布的一个标准差时，他们弃保的概率会增加4.5个百分点（注意弃保率为13.0%）。更具体来说，如果将样本中所有认知得分低于中位数的老人的认知得分设为样本认知得分中位数，那么模型预测弃保率将减少2.2个百分点，即下降17%。这很可能是疏忽弃保的反映。不过本章并没有发现老人存在财务规划困难会显著影响其弃保行为。

回归中另一个潜在的问题是：认知得分和弃保之间显著的负相关性可能来源于认知得分低的老人在调查中错误地报告了他们已经不再购买长期护理保险。但本章并没有发现认知得分较低的老人比认知得分较高的老人更有可能先报告已经不再持有长期护理保险合约，之后在后期的 HRS 调查中又汇报仍然持有保单。本章也没有发现认知得分低的老人更容易拒绝回答长期护理保险的相关问题。

最后，本章发现当老人有女儿时，他们弃保的概率会在1%的显著性水平下降低10.0个百分点（有配偶或儿子并没显示类似的效果）。一方面，家庭成员可能会为老人提供非正式护理，这可能导致老人进行策略弃保。但另一方面，Ko（2022）发现虽然有成年子女会降低老人购买长期护理保险的概率，但也会导致购买了保险的老人增加对长期护理服务的使用。本章的结果表明，这种在长期护理服务使用中的道德风险可能有助于解释上述弃保比例的降低。

三、非预期弃保的福利分析

本章第三节中描述的动态优化模型可以用于计算在65岁时按照最优决策购买了长期护理保险，但由于疏忽或其他预料之外原因弃保的老人的福利损失。图5－3A和图5－3B按年龄展示了拥有不同资产的老人在65岁时对典型长期护理保险合约的支付意愿，换一种表达方式就是老人一直持有65岁时购买的长期护理保险合约，没有疏忽弃保的福利价值。在模型中随时间发生变化的仅有资产（依最优消费路径下降）和可预期且与年龄相关的在未来需要长期护理服务的概率（资产和概率都不会受到未预期的外生冲击）。如前所述，持有保险合约的价值在购买后的很多年中会持续增加。以处于资产百分位第80位的单身男性和女性老人为例，如果他们在65岁购买了典型长期护理保险合约并在75岁时疏忽弃保，他们弃保的福利损失分别达到了56 978美元和98 247美元。

意外弃保的福利损失由两部分构成：一是当老人已经预期到未来将放弃长期护理保险合约并选择了相应的最优消费路径时，所遭受的福利损失；二是由于选择了事后看非最优的、过于乐观的消费路径（过度消费）所导致的额外福利损失。继续以处于资产百分位第80位的老人为例，如果他们在65岁购买保险时就已经准备好在75岁时弃保，那么弃保所产生的福利损失就会相对较小。此时，单身男性老人的福利损失价值41 516美元，女性老人对应的福利损失价值90 708美元。因此，由于过度消费导致的额外福利损失占单身女性意外弃保总福利损失的10%，占单身男性意外弃保总福利损失的37%。

因此，尽管在现实中部分中途弃保的老人一开始就不应该购买长期护理保险，但是对那些高资产，最优选择是在65岁购买长期护理保险的老人来说，非预期的疏忽弃保代价极大。虽然在扣除保险公司的管理和营销费用后，他们的一部分损失会被转移到继续持有保险合约的老人身上（继续持有保险合约的老人因此支付了更低的保费），但是非最优消费路径对他们所造成的额外福利损失也不可忽视。

四、动态选择的证据

最后，本章利用同样的在2002年持有长期护理保险的老人样本和probit模型估计了老人在2006—2012年使用长期护理服务的情况。模型除包括了与弃保模型完全相同的解释变量外，还加入了是否在2002—2006年弃保的虚拟变量。如果某个解释变量可以同时显著影响老人的弃保行为和后续对护理院服务的使用，那么它就是动态选择的来源。如果弃保这个虚拟变量在控制其他所有解释变量后仍然显著，则表明动态选择存在其他未观测到的来源。描述性统计显示在2002—2006年弃保的老人更有可能在2006—2012年使用护理院服务，而表5-3展示的关于老人后续使用护理院服务的probit模型估计结果则显示，当控制了所有弃保模型中的解释变量后，弃保行为本身与后续使用护理院服务没有统计显著的关系，其系数为-0.0253，标准误为0.0569。与预期一致，年龄较大、健康状况较差，或存在日常生活障碍、感觉财务规划很困难都会导致老人在2006—2012年使用长期护理服务的概率较高。当老人有孩子时，他们后期使用正式长期护理服务的概率会降低。但是，这些与长期护理使用显著相关的解释变量与弃保都不存在显著的统计相关性。此外，在弃保模型的结果中，大多数与弃保显著相关的变量（例如资产和自评未来5年需要护理院服务的概率等）都与后续的护理院服务使用没有统计显著的关系。

唯一的例外是认知得分，它和老人后续使用护理院服务的概率显著相关。当认知得分降低认知得分分布的一个标准差时，老人在2006—

2012 年使用护理院服务的概率会增加 10.8 个百分点（平均会有 32.3%的老人在后期使用护理院服务）。如前所述，由于认知得分降低也会导致弃保概率增加（当认知得分下降分布的一个标准差时，老人在 2002—2006 年弃保的概率会增加 4.5 个百分点），可见认知障碍是长期护理保险市场中动态正向选择的重要来源。

第六节　结　　论

长期护理服务（包括家庭护理服务和机构护理服务）的费用对绝大多数退休老人都构成重大财务风险，然而长期护理保险的覆盖率并不高，甚至还有不少老人会在购买长期护理保险一段时间后弃保。HRS 数据显示，在 65 岁时拥有长期护理保险合约的老人会有超过 1/4 的概率在死前弃保，并同时失去所有之前积累的老龄储备。本章的动态优化模型显示老人只有在信息（包括未来使用长期护理服务的概率和财务情况）变化足够大的前提下才有可能理性地选择策略弃保或财务弃保，没有显著信息变化时的疏忽弃保会给老人带来巨大的福利损失。利用 HRS 数据和 probit 模型，本章还考察了哪些因素会导致弃保，以及这些因素是否会导致动态正向或逆向选择。

本章的结论包括：第一，本章发现老人的认知得分与弃保概率存在统计显著的负相关关系，这说明了疏忽弃保在现实中的重要性。另外，虽然本章利用动态优化模型发现策略弃保与财务弃保也可以解释老人的弃保行为，但在实证研究中本章并没有发现太多关于策略弃保和财务弃保的证据。第二，本章发现疏忽弃保是动态正向选择的一个重要来源，但是这种弃保存在一个很严重的问题，即疏忽弃保的老人在未来反而最需要长期护理服务。第三，本章利用动态优化模型计算了老人在意外弃保时遭受的福利损失。模型假设，当老人 65 岁时他们会根据自己的资产（收入）和未来需要长期护理服务的概率来计算对典型长期护理保险合约的支付意愿。如果老人的支付意愿高于0，则他们会购买长期护理保险，反之会依赖公共健康保险 Medicaid。计算结果显示，长期护理保险对高资产老人非常有价值，而且老人对长期护理保险的支付意愿会随着年龄的增大而持续增加，直到一个很高的年龄。在老人意外弃保时，由于在弃保前过度消费而导致的额外效用损失也很大。

从供给方面来看，避免老人遭受疏忽弃保福利损失的一种方法是保险公司改变长期护理保险的收费结构。保险公司可以将现行的按月或年收取固定名义保费的方式调整为一次性收取保费的方式以避免老人弃保。当然，这种改革可能使流动性受限的老人支付保费比较困难，但一般购买长期护理保险的老人都有较高的资产，他们面临流动性受限的机会不大，并可能倾向于一次性支付。因为这不仅可以降低他们在未来由于各种原因意外弃保的风险，而且也可以避免保费在未来意外上涨的风险（如果保险公司的理赔成本一直高于保费收入，则保险公司可以向监管部门申请提高续保客户的保费，详见第二章介绍）。

第六章

涉及长期护理保险的公共政策

第一节 引 言

如前所述，虽然长期护理服务费用对老人的资产形成严重威胁，但是只有10%左右的老人购买了商业长期护理保险来保障此风险，其余的老人或者准备利用预防性储蓄自费支付长期护理服务的费用，或者打算依赖公共健康保险 Medicare 和 Medicaid。这导致 Medicare 和 Medicaid 共同支付了绝大部分的长期护理服务费用（详见第二章）。由于担心公共医疗支出继续快速上升，政策制定者尝试利用公共政策来鼓励老人购买商业长期护理保险，并利用保险支付长期护理服务费用，以减轻公共医疗支出的财政压力。联邦与各州都推出了不同程度的税收优惠项目，同时一些州还施行了非常有特点的长期护理合作项目（long-term care partnership program），这也是本章介绍的重点。

参加长期护理合作项目的长期护理保险一般存在3年的理赔期限。当老人购买了参加长期护理合作项目的长期护理保险（为了与普通长期护理保险相区别，本章之后称之为合作长期护理保险）后，一旦老人在保险合约期满后仍然需要长期护理服务，他们就可以申请利用 Medicaid 支付剩余的长期护理服务费用。此时，Medicaid 的资产限制会被显著放松（Medicaid 的详细规则见第二章），但老人仍须接受 Medicaid 的收入检查。如果老人购买的是“全资产保障（total asset protection）型”合作长期护理保险，Medicaid 将允许老人保留所有金融资产。如果老人购买的是“理赔额保障（dollar-for-dollar protection）型”合作长期护理保险，Medicaid 将允许老人保留 2 000 美元加保险的总理赔额度。如果老人购买的是“混合保障（hybrid protection）型”合作长期护理保险，Medicaid 的资产限制将取决于合作长期护理保险的终生最高理赔额度。需要注意的是，此时老人仍须接受 Medicaid 的收入检查。

本章利用动态优化模型考察了长期护理合作项目对长期护理保险覆盖率和 Medicaid 长期护理服务费用支出的影响。与 Brown 和 Finkelstein（2008）一致，本章关注的是在合理校准偏好参数的前提下从理论的角度对老人的最优长期护理保险购买决策进行预测。本章的数值模拟显示，长期护理合作项目仅能吸引 4%—5% 的老人开始购买合作长期护理保险。典型的被吸引的男性老人处于资产百分位的第 70 位左右。如果没有购买任何类型的长期护理保险，Medicaid 将支付他们总长期护理服务费用的大约 36%。当购买了“理赔额保障型”合作长期护理保险后，Medicaid 的支付比例将减半至 18%。但是，数值模拟显示 Medicaid 的总支出并没有下降。这是因为 Medicaid 从新购合作长期护理保险的老人身上节省的长期护理服务费用支出不足以支付对长期护理合作项目的补贴。由于无法限制在没有长期护理合作项目前就购买了普通长期护理保险的高资产老人重新投保于条款更具吸引力的合作长期护理保险，Medicaid 对他们的长期护理服务费用的支付比例显著上升。例如，当处于资产百分位第 80 位的男性老人从购买典型普通长期护理保险转为购买“理赔额保障型”合作长期护理保险后，Medicaid 对他们的长期护理服务费用的支付比例将从 3% 增长至 14%。由于重新投保于合作长期护理保险的高资产老人的人数远高于被吸引购买长期护理保险的人数，因此 Medicaid 的补贴支出高于长期护理服务费用支出的降低。本章的数值模拟发现，Medicaid 每节省 1 美元长期护理服务费用，就需要为单身男性和女性高资产老人分别提供 1.68 美元至 2.30 美元和 4.10 美元至 5.38 美元的合作项目补贴。

本章的剩余部分安排如下：第二节介绍长期护理保险合作项目，并总结相关文献的研究；第三节介绍本章的动态优化模型；第四节展示并解释数值模拟的结果；最后一节做了总结。

第二节　相关政策背景与文献综述

一、相关政策背景

长期护理合作项目（long-term care partnership program）开始于 1987 年，最早是由 Robert Wood Johnson（RWJ）基金会所资助的示范项目，其目的是增加商业长期护理保险覆盖率，从而减少需要依赖 Medicaid 的老人数量以及公共医疗支出①。“合作”指的是公共部门（州政府）和私营部门（保险公司）共同负担老人的长期护理服务费用。四个州参加了最初的示范项目，并从基金会得到了资金支持，包括加利福尼亚、康涅狄格、印第安纳和纽约州，其中加利福尼亚和康涅狄格州采取的是“理赔额保障”模式，纽约州提供的是“全资产保障”模式，印第安纳州则选择了“混合保障”模式，其保障的资产金额与老人购买的长期护理保险的日赔付上限相关。

由于项目实施顺利，长期护理合作项目在四个示范州都被永久保留。其他州也开始有兴趣建立自己的长期护理合作项目。但是，1993 年联邦实施的 Omnibus Budget Reconciliation Act（OBRA 93）暂时阻止

① 更详细的信息见 Rothstein（2007）。

了长期护理合作项目的扩张。OBRA 93 规定所有新项目中被保护的资产都必须附加遗产追收（estate recovery）。换句话说，购买了合作长期护理保险的老人可以在活着的时候保留更多的资产，但这些资产会在老人去世后被 Medicaid 追收，不能作为遗产转赠给继承人。注意已经实施长期护理合作项目的四个州不受 OBRA 93 规定的影响，可以在老人去世后继续保证老人的资产可以留给继承人。很明显，这个规定显著降低了长期护理合作项目的吸引力，因此在之后的十余年中没有任何州实施新的长期护理合作项目。2005 年的 Deficit Reduction Act（DRA）解决了这一障碍。在符合立法指导方针的前提下（DRA 要求参加长期护理合作项目的长期护理保险合约必须提供通货膨胀保护，但允许保护程度随年龄变化)，全美所有州都已经开始施行长期护理合作项目。

二、文献综述

政府推出了多项公共政策来鼓励老人购买商业长期护理保险，而不是依赖 Medicaid 来支付他们的长期护理服务费用，包括联邦税收激励项目，各州针对长期护理保险保费的税收抵扣政策，以及长期护理合作项目。考察这些公共政策对长期护理保险覆盖率，以及对公共医疗支出影响的文献以实证研究为主，例如 Courtemanche 和 He（2009），Goda（2011），Brown 等（2007）和 Lin 和 Prince（2013）等。

Courtemanche 和 He（2009）利用 1996—2004 年的 HRS 数据考察了 1996 年 Health Insurance Portability And Accountability Act（HIPAA）提供的联邦税收激励对老人长期护理保险购买决策的影响。他们发现，税收优惠显著提高了长期护理保险覆盖率 3.3 个百分点，或 25%。但是，弹性较大的主要原因在于基数较低。Courtemanche 和 He（2009）预测，即使可以最大化项目效果，也不会使全人口长期护理保险覆盖率超过 13%。此外，Courtemanche 和 He（2009）还估计了税收优惠对政府财政收支的影响。他们发现税收激励导致的税收收入减少高于 Medicaid 支出的减少，因此税收激励将导致政府财政受到损失。

同样应用 HRS 数据，Goda（2011）利用各州针对长期护理保险的税收优惠的差异（不同的开始时间和不同的税收优惠力度）识别了州税收补贴对老人长期护理保险需求的影响。论文发现平均税收补贴（当老人收入不同时，得到的税收补贴也不一样）可以提高长期护理保险覆盖率 2.7 个百分点（28%）。但是，受税收补贴影响的主要是很少依靠 Medicaid 支付长期护理服务费用的高资产和高收入的老人。Goda（2011）预测州政府付出 1 美元税收优惠将只能减少 0.84 美元的 Medicaid 支出。

由于针对贫困人群的 Medicaid 项目由联邦政府和州政府共同负担成本，因此各州政府根据自身不同的财政情况设定了不同的 Medicaid 规则，尤其是用来保障社区配偶资产的 spousal impoverishment protection（SIP）规则（详见第八章）。使用 HRS 数据，Brown 等（2007）利用各州 Medicaid 的 SIP 规则差异识别了 Medicaid 所保障的资产水平对已婚老人长期护理保险需求的影响。他们预测，当符合 Medicaid 要求的老人可以保留的资产下降 10 000 美元时，商业长期护理保险覆盖率将增加 1.1 个百分点。如果每一个州都将正在执行的 SIP 规则改为联邦法律指导的下限，即吝啬的 SIP 规则，那么已婚家庭平均受 SIP 规则保护的资产将减少约 2.5 万美元，这将导致长期护理保险覆盖率增加 2.7 个百分点。

最后，仍然是使用 HRS 数据，Lin 和 Prince（2012）利用各州引入长期护理合作计划的时间差异考察了长期护理合作计划对老人长期护理保险购买决策的影响。他们发现，长期护理合作计划对长期护理保险覆盖率的影响很小，而且被吸引购买长期护理保险的老人都是相对比较富裕，很少依赖 Medicaid 支付长期护理服务费用的老人。

一些政府机构也考察了长期护理合作项目的影响。U.S. Government Accountability Office（GAO，2005）的报告指出，在加利福尼亚、康涅狄格和印第安纳州这三个试点州购买了合作长期护理保险合约的老人中，分别有 53%、54% 和 66% 的老人拥有超过 350 000 美元资产，拥有超过 5 000 美元月收入的老人比例分别为 61%、62% 和 49%。这显示，大部分被长期护理合作项目吸引购买长期护理保险的老人可能并不是项目的初始目标中产家庭，而是本来就不太可能利用 Medicaid 支付长期护理服务费用的富裕家庭。但是，GAO 的报告没有考察长期护理合作项目对长期护理保险覆盖率的影响。为全面了解长期护理合作项目对公共医疗支出的影响，厘清长期护理合作项目对长期护理保险覆盖率的影响非常重要，尤其是与其他未参加试点项目的州相比，长期护理合作项目是否增加了试点州不同资产和收入水平家庭的长期护理保险覆盖率。

尽管存在上述证据，但政府部门的普遍预测是长期护理合作项目可以减少 Medicaid 的长期护理服务费用支出。America's Health Insurance Plans（AHIP，2007）的计算显示，至 2050 年，长期护理合作项目每年可以减少 60 亿美元的 Medicaid 支出。但是，AHIP（2007）的计算比较草率地假设了长期护理合作项目对长期护理保险覆盖率的影响，也没有区分被吸引购买合作长期护理保险合约的老人是否有使用 Medicaid 的需求。National Conference of State Legislatures（2013）称康涅狄格州的相关官员估计，长期护理合作项目自试点以来已经为该州的 Medicaid 节省了 375 万美元，但估计过程也使用了类似的不合理假设。

第三节 动态优化模型

在合理校准偏好参数的前提下，本章利用动态优化模型及数值解方法评估了老人对“总资产保障型”和“理赔额保障型”两类合作长期护理保险的支付意愿以及长期护理合作项目对 Medicaid 支出的影响。值得提到的是，本章的目标是从理论的角度考察拥有所有信息的理性老人在引入长期护理合作项目后将如何调整他们的最优长期护理保险购买决策，以及考察长期护理合作项目是否可以解决 Medicaid 隐性税对长期护理保险市场的抑制作用。本章并没有利用数据考察老人的实际购买行为。

本章动态优化模型的框架来自 Brown 和 Finkelstein（2008）。老人在每个月都可能处于以下五种长期护理状态之一：（1）居家，无需长期护理服务；（2）居家，需要家庭护理服务（home health care）；（3）需要居住在提供辅助生活设施的养老院（assisted living facilities）；（4）需要居住在提供必要医疗设施的护理院（nursing homes）；（5）已死亡。老人的长期护理需求矩阵同样来自 Brown 和 Finkelstein（2008），其中的长期护理状态转移概率随性别和年龄变化。本章利用 Brown 和 Finkelstein（2007）中汇报的保费赔付率计算老人需要支付的长期护理保险保费。更具体的方法是：首先利用长期护理需求矩阵计算老人的预期终生长期护理保险理赔额的现值，之后利用 Brown 和 Finkelstein（2007）中汇报的保费赔付率计算老人未来预期支付保费的现值，再反推计算老人每期需要支付的名义保费。根据 Brown 和 Finkelstein（2007），男性和女性老人的长期护理保险赔付率分别是 50% 和 106%。

当居住在社区的家中时，老人从消费 $C_{s,t}$ 中获得效用。当居住在长期护理机构时，老人额外从养老院或护理院提供的食宿 $F_{s,t}$ 中获得效用。养老院或护理院提供的食宿已经包含在老人支付的长期护理服务费用之内，因此不需要另外支付。老人接受的各类型长期护理服务不会给老人带来额外的效用。老人的目标是最大化其预期的终生贴现效用：

$$\sum_{t=0}^{T}\sum_{s=1}^{5}\frac{Q_{s,t}}{(1+\rho)^{t}}U(C_{s,t}+F_{s,t}) \qquad \text{（式 6 - 1）}$$

其中，$Q_{s,t}$ 是老人在时期 t 处于健康状态 s 的概率。ρ 是时间贴现率。

当 Medicaid 没有介入时，老人面对的预算约束是：

$$W_{t+1}=(W_t+A_t-P_{s,t}+\min(B_{s,t},\ X_{s,t})-X_{s,t}-C_{s,t})(1+r) \qquad \text{（式 6 - 2）}$$

其中，W_t 是 t 期的总资产。A_t 是 t 期的收入。$P_{s,t}$ 是 t 期处于健康状态 s 的老人所须支付的长期护理保险保费。老人只需要在不需要长期护理服务的长期护理状态（$s=1$）下支付长期护理保险的保费。显然，未购买长期护理保险的老人不需要支付长期护理保险的保费，但当他们需要长期护理服务时，保险公司也不会赔付他们的长期护理服务费用。$B_{s,t}$ 是长期护理保险的月赔付上限。$X_{s,t}$ 是 t 期处于健康状态 s 的老人所须支付的长期护理服务费用。当老人需要长期护理服务时，长期护理保险的实际赔付额取决于赔付上限与实际发生的长期护理服务费用的相对大小。如果实际产生的长期护理服务费用低于赔付上限，那么长期护理保险的实际赔付额即为实际产生的长期护理服务费用。反之，实际赔付额就是赔付上限。r 是无风险利率。最后，模型设定存在借贷限制，因此在任何时期老人的总资产不能低于 0（$W_t \geqslant 0$）。

当需要长期护理服务时，如果老人通过了 Medicaid 的资产和收入检查，Medicaid 将支付他们的长期护理服务费用。他们的预算约束变为：

$$W_{t+1} = (\min(W_t,\ \underline{W}) + \min(A_t,\ \underline{C_s}) - C_{s,t})(1+r) \qquad (式 6-3)$$

其中，$\underline{W}$ 是 Medicaid 允许老人保留的资产，一般为 2 000 美元。$\underline{C_s}$ 是老人的消费下限，其与 Medicaid 允许老人保留的收入相关。而 Medicaid 允许老人保留的收入则与老人的长期护理状态相关：如果老人居家接受家庭护理服务（$s=2$），Medicaid 允许老人保留不超过 674 美元的月收入（2011 年的补充保障收入）；如果老人在长期护理机构接受养老院或护理院服务（$s=3$ 或 $s=4$），Medicaid 允许老人保留不超过 30 美元的月收入。

此时 Medicaid 所支付的长期护理服务费用为：

$$X_{s,t} - \min(B_{s,t},\ M_{s,t}) - \max(A_t - \underline{C_s},\ 0) - \max(W_t - \underline{W},\ 0) \qquad (式 6-4)$$

即实际发生的长期护理服务费用减长期护理保险的赔付，再减去老人资产和收入超过 Medicaid 所允许保留的部分。

如果老人购买了合作长期护理保险，他们的 Medicaid 资产限制就会被显著放松。Medicaid 将允许老人保留超过资产下限 $\underline{W}$ 的金融资产。新的资产下限为$\underline{\underline{W}}$。如果老人购买的是“理赔额保障型”合作长期护理保险，修改后的资产下限等于 Medicaid 所允许保留的 2 000 美元金融资产加合作长期护理保险合约的总理赔额。如果老人购买的是“全资产保障型”合作长期护理保险，修改后的资产下限为无穷大（无限制）。Medicaid 的收入检查保持不变。当合作长期护理保险理赔期满后，如果老人可以通过 Medicaid 的修改后的资产检查和收入检查，Medicaid 将为其支付剩余的长期护理服务费用：

$$X_{s,t} - \max(A_t - \underline{C}_s,\ 0) - \max(W_t - \underline{\underline{W}},\ 0) \qquad (式 6-5)$$

即实际发生的长期护理服务费用减老人资产和收入超过 Medicaid 所允许保留的部分。

模型中的其他参数被校准如下：老人的最大生存年龄 T 被设定为 105 岁。实际利率和时间贴现率都被设定为 3%。通货膨胀率为每年 2.5%。实际长期护理服务费用每年增长 1.5%。根据 MetLife Mature Market Institute（2011，2012）的报告，2011 年全美护理院、养老院和家庭护理服务的平均费用分别为每年 78 110 美元、每年 41 724 美元和每小时 21 美元。长期护理机构提供的食宿价值每月 644 美元。如果老人在长期护理机构接受长期护理服务，他们的消费下限被设定为每月 30 美元。如果老人居家接受家庭护理服务，他们的消费下限被设定为 674 美元。资产十分位分布的具体资产金额来自 Brown 和 Finkelstein（2008），但是根据通货膨胀率将基年从 2000 年调整为 2011 年。

第四节　数值模拟结果

利用上述动态优化模型，本章量化了老人对各类型长期护理保险的支付意愿。支付意愿是从消费者效用的角度对各类型长期护理保险合约赋予的现金价值。它等于被禁止购买长期护理保险的老人需要收到的现金数量，以使其终生预期效用等于购买了各类型长期护理保险合约的老人的终生预期效用。根据定义，当老人的支付意愿大于0时，购买对应类型的长期护理保险合约可以提高他们的终生预期效用，因此，购买对应类型的长期护理保险合约是老人的最优选择。如果老人对某个类型的长期护理保险合约的支付意愿为负，那么强迫老人购入此长期护理保险合约会降低他们一生的预期效用，此时放弃保险所提供的保障是他们的最优选择。

本章首先考察了老人对2011年典型未参加长期护理合作项目的长期护理保险合约的支付意愿（典型普通长期护理保险）。此保险合约的理赔期为3年，日赔付上限为158美元，并包含5%通货膨胀保护（America's Health Insurance Plans，2012），即以2011年的158美元为基数，之后每年名义日赔付上限增长5%。其次，为探索尾部风险和日赔付上限的影响，本章还考察了老人对具有相同日赔付上限，但理赔期限不存在限制的普通长期护理保险合约的支付意愿；老人对具有相同的3年理赔期限，但日赔付上限提高到241美元（在2011年长期护理合作项目的“混合保障”方式中达到保障所有资产所需的最低日报销上限）的普通长期护理保险合约的支付意愿；老人对同时具有更高日赔付上限（241美元）和更长理赔期限（无限制）的普通长期护理保险合约的支付意愿。最后，本章计算了老人对三种参加了长期护理合作项目的长期护理保险（合作长期护理保险）的支付意愿，并与老人对普通长期护理保险的支付意愿进行了对比。三种合作长期护理保险的理赔期限均为3年，但是第一种合作长期护理保险的日赔付上限为158美元，并通过“理赔额保障”方式参加了长期护理合作项目；第二种合作长期护理保险的日赔付上限为241美元，也是通过“理赔额保障”方式参加了长期护理合作项目；第三种合作长期护理保险的日赔付上限为241美元，其通过“全资产保障”方式参加了长期护理合作项目。

综上所述，本节考察的长期护理保险合约类型如下（所有保单均包含5%通货膨胀保护）：

（1）保险合约1：典型的未参加长期护理合作项目的长期护理保险合约，理赔期限3年，日赔付上限158美元。

（2）保险合约2：未参加长期护理合作项目的长期护理保险合约，无理赔期限，日赔付上限158美元。

（3）保险合约3：未参加长期护理合作项目的长期护理保险合约，理赔期限3年，日赔付上限241美元。

（4）保险合约4：未参加长期护理合作项目的长期护理保险合约，无理赔期限，日赔付上限241美元。

（5）保险合约5：以“理赔额保障”方式参加长期护理合作项目的长期护理保险合约，理赔期限3年，日赔付上限158美元。

（6）保险合约6：以“理赔额保障”方式参加长期护理合作项目的长期护理保险合约，理赔期限3年，日赔付上限241美元。

（7）保险合约7：以“总资产保障”方式参加长期护理合作项目的长期护理保险合约，理赔期限3年，日赔付上限241美元。

本节的基准模型假设实际利率与时间贴现率均为3%。在稳健性检验中，为考察不同利率对老人保险支付意愿的影响，本章将利率设定为1%重新进行了计算，以反映当前普遍的低利率环境。稳健性检验的时间贴现率仍保持为3%。

图6－1A和图6－1B分别展示了男性和女性老人对保险合约1、4、5和7的理论支付意愿。为使两张图更清晰易读，图6－1中未展示老人对保险合约2、3、6的理论支付意愿，但在介绍结果时本章对这些保险合约的支付意愿进行了相应的解释。图6－1中也未展示资产十分位前3位老人的支付意愿，这是因为这些低资产的老人宁愿失去所有金融资产，也不愿意购买长期护理保险。

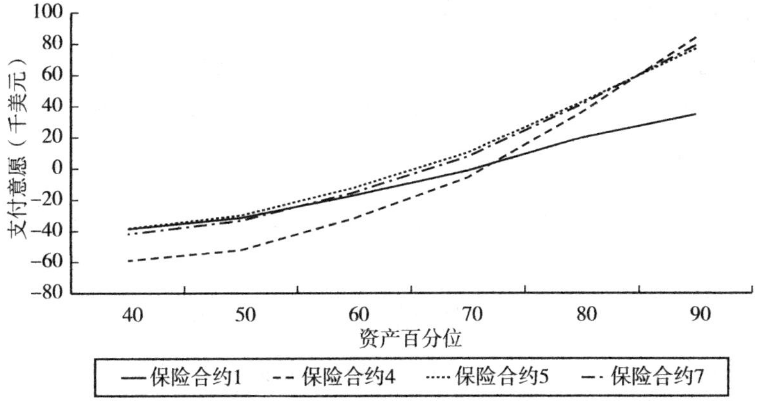

图 6－1A 男性老人对各类型长期护理保险合约的支付意愿

注：本图展示了 65 岁不同资产的男性老人对下列长期护理保险合约的支付意愿。保险合约 1：典型的未参加长期护理合作项目的长期护理保险合约，理赔期限 3 年，日赔付上限 158 美元。保险合约 4：未参加长期护理合作项目的长期护理保险合约，无理赔期限，日赔付上限 241 美元。保险合约 5：以“理赔额保障”方式参加长期护理合作项目的长期护理保险合约，理赔期限 3 年，日赔付上限 158 美元。保险合约 7：以“总资产保障”方式参加长期护理合作项目的长期护理保险合约，理赔期限 3 年，日赔付上限 241 美元。

资料来源：作者计算。

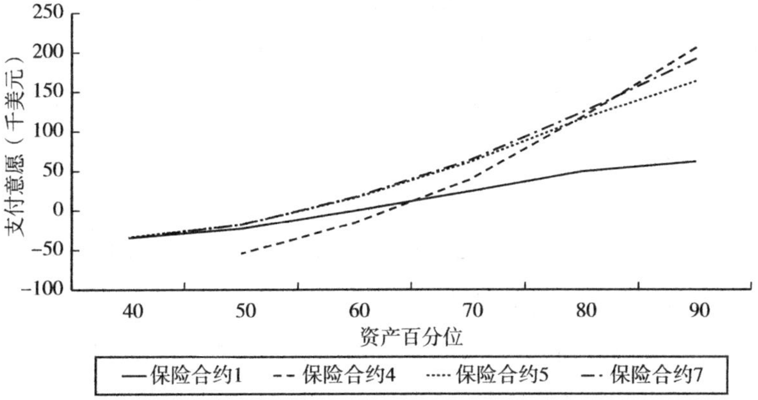

图 6－1B 女性老人对各类型长期护理保险合约的支付意愿

注：本图展示了 65 岁不同资产的女性老人对下列长期护理保险合约的支付意愿。保险合约 1：典型的未参加长期护理合作项目的长期护理保险合约，理赔期限 3 年，日赔付上限 158 美元。保险合约 4：未参加长期护理合作项目的长期护理保险合约，无理赔期限，日赔付上限 241 美元。保险合约 5：以“理赔额保障”方式参加长期护理合作项目的长期护理保险合约，理赔期限 3 年，日赔付上限 158 美元。保险合约 7：以“总资产保障”方式参加长期护理合作项目的长期护理保险合约，理赔期限 3 年，日赔付上限 241 美元。

资料来源：作者计算。

图6－1A显示，资产百分位第71位及以上的男性老人对2011年典型普通长期护理保险合约（保险合约1）的支付意愿为正。他们对提供更高日赔付上限的普通长期护理保险合约（保险合约2）具有几乎相同的支付意愿（图中未展示）。资产百分位第72位及以上的男性老人愿意购买未参加长期护理合作项目、无理赔期限、日赔付上限为241美元的普通长期护理保险合约（保险合约4）。他们也愿意为未参加长期护理合作项目、无理赔期限、日报销上限为158美元的普通长期护理保险合约（保险合约3）支付几乎相同的保费（图中未展示）。图6－1A还显示，高资产的老人对无理赔期限的普通长期护理保险合约的支付意愿要远高于存在3年理赔期限的普通长期护理保险合约，这说明理性老人在选择保险类型时会高度关注保险合约对灾难性长尾风险的保障能力。但是，理论预测与现实数据形成了鲜明的对比：现实数据中的大多数老人都选择了存在3年理赔期限但价格相对便宜的长期护理保险类型。另外，虽然资产百分位较低的男性老人理论上更偏好包括3年理赔期限的长期护理保险合约，而不是更贵同时保障水平更高的无理赔期限保险合约，但他们对两种类型长期护理保险合约的支付意愿均低于实际保费，因此理论上他们不应该购买任何类型的长期护理保险。

无论处于资产分布的任何位置，对比未参加长期护理合作项目的，存在3年理赔期限的普通长期护理保险合约（保险合约1和保险合约3），所有男性老人都更偏好对应的参加了长期护理合作项目的合作长期护理保险（保险合约5、保险合约6和保险合约7）。这是因为参加了长期护理合作项目的长期护理保险合约在不提高老人保费的前提下为他们提供了更多的保障：当保险合约期满，老人需要Medicaid支付他们的长期护理服务费用时，购买过合作长期护理保险合约的老人可以根据保险合约参加的长期护理合作项目类型保留远高于原始Medicaid资产限制的金融资产。老人对合作长期护理保险合约的额外支付意愿与他们拥有的金融资产密切相关。额外的资产保护对总资产相对较低的老人价值不高，而高资产的老人则对这类保险合约存在强烈偏好，并具有较高的支付意愿。虽然老人需要长期护理服务超过3年的概率不大，但是一旦出现长期需要长期护理服务的情况，高资产的老人将会面临巨大的财产损失，因此，他们愿意为这类保险合约支付额外的保费，以有效保障长尾风险。老人对三种不同类型，但都参加了长期护理合作项目的保险合约的支付意愿相差不大。资产最高的老人会稍倾向于购买以“总资产保障”方式参加长期护理合作项目的长期护理保险合约（保险合约7）。

一个有意思的发现是：对比所有参加了长期护理合作项目的合作长期护理保险合约（均存在3年理赔期限），资产最高的老人反而更偏好未参加长期护理合作项目同时无理赔期限的长期护理保险合约（保险合约2和保险合约4）。这是因为无理赔期限的普通长期护理保险合约在老人使用长期护理服务3年后仍会同时保障老人的资产和收入安全，而参加了长期护理合作项目的合作长期护理保险合约在3年理赔期过后只能保障老人部分资产或全部资产（根据购买的合作长期护理保险是否以“总资产保障”方式参加长期护理合作项目）的安全，老人的收入仍然需要先用于支付长期护理服务费用直到满足Medicaid的收入检查（如前所述，Medicaid的收入检查并不会因为老人购买过合作长期护理保险而变得更宽松）。这个发现非常重要。资产最高的老人会继续购买未参加长期护理合作项目的同时无理赔期限的普通长期护理保险合约，而不是重新投保于参加了长期护理合作项目的合作长期护理保险合约，这可以显著降低长期护理合作项目的补贴成本。

女性老人对各类型长期护理保险合约的支付意愿与男性老人有许多相似之处，但也存在一定差异。首先，女性老人对各类型长期护理保险合约的支付意愿都更高。这主要是因为长期护理保险的定价无性别差异，即男女支付完全相同的保费，但女性需要长期护理服务的概率更大、时间更长，导致她们的支付意愿也更高。处于收入百分位第60位及以上的女性老人愿意购买未参加长期护理合作项目，存在3年理赔期限，日赔付上限158美元的普通长期护理保险（保险合约1）。处于收入百分位第63位及以上的女性老人愿意购买未参加长期护理合作项目，无理赔期限，日赔付上限241美元的普通长期护理保险（保险合约4）。与之对应的男性结果是：只有在收入百分位第71位及以上和第72位及以上的男性老人对这两类保险合约的支付意愿为正。其次，资产较高的女性老人对以“总资产保障”方式参加长期护理合作项目的合作长期护理保险合约（保险合约7）的支付意愿远高于两种以“理赔额保障”方式参加长期护理合作项目的合作长期护理保险合约（保险合约5和保险合约6）。最后，与男性一致，资产最高的女性老人更偏好未参加长期护理合作项目同时无理赔限期的普通长期护理保险合约（保险合约2和保险合约4），而不是参加了长期护理合作项目，拥有相同的日赔付上限，但存在3年理赔期限的合作长期护理保险合约（保险合约5、保险合约6和保险合约7）。

作为稳健性检验，本章计算了当设定实际利率为1%时，老人对各类型保险合约的支付意愿（结果没有在文中报告）。当实际利率较低时，老人对所有类型长期护理保险的支付意愿都有所降低，此时他们更优的选择是在退休前期进行更多的消费，之后依靠Medicaid来支付未来可能发生的长期护理服务费用。

接下来考察各类型长期护理保险，尤其是合作长期护理保险的3类保险合约对公共医疗支出的影响。表6－1的第1—8列分别报告了当老人没有购买任何类型长期护理保险，或分别购买了前述7种不同类型的长期护理保险合约（4类普通长期护理保险合约和3类合作长期护理保险合约）时，Medcaid为老人支付的长期护理服务费用占老人总长期护理服务费用的比例。Medicaid支出与老人的总长期护理服务费用均用其预期现值衡量。

表 6-1　　购买各类型长期护理保险后 Medicaid 支付长期护理服务费用的比例

资产百分位	无保险	保险合约 1	保险合约 2	保险合约 3	保险合约 4	保险合约 5	保险合约 6	保险合约 7
男性								
20 分位	0.894	0.275	0.036	0.242	0.000	0.276	0.245	0.245
30 分位	0.823	0.241	0.017	0.219	0.000	0.244	0.229	0.229
40 分位	0.736	0.207	0.003	0.187	0.000	0.219	0.216	0.216
50 分位	0.633	0.177	0.000	0.140	0.000	0.206	0.205	0.205
60 分位	0.507	0.137	0.000	0.099	0.000	0.194	0.193	0.193
70 分位	0.365	0.086	0.000	0.059	0.000	0.182	0.188	0.188
80 分位	0.210	0.030	0.000	0.018	0.000	0.144	0.160	0.174
90 分位	0.078	0.003	0.000	0.002	0.000	0.078	0.099	0.161
女性								
20 分位	0.935	0.437	0.037	0.409	0.000	0.437	0.412	0.412
30 分位	0.888	0.407	0.019	0.384	0.000	0.409	0.395	0.395
40 分位	0.824	0.374	0.005	0.345	0.000	0.386	0.383	0.383
50 分位	0.743	0.331	0.000	0.274	0.000	0.371	0.369	0.369
60 分位	0.630	0.259	0.000	0.186	0.000	0.353	0.352	0.352
70 分位	0.482	0.157	0.000	0.108	0.000	0.326	0.339	0.340
80 分位	0.285	0.038	0.000	0.027	0.000	0.233	0.268	0.314
90 分位	0.105	0.001	0.000	0.001	0.000	0.093	0.126	0.287

资料来源：作者计算。

当没有购买任何商业长期护理保险合约时，Medicaid 将为处于收入百分位第 20 位的男性老人支付 89% 的长期护理服务费用，为处于收入百分位第 90 位的男性老人支付 8% 的长期护理服务费用。如果所有老人都购买了保险合约 1（典型的未参加长期护理合作项目的长期护理保险合约，理赔期限 3 年，日赔付上限 158 美元），那么 Medicaid 支付比例将显著降低，其将为处于资产百分位第 20 位的男性老人支付 28% 的长期护理服务费用，为处于第90位的男性老人支付总长期护理服务费用的0.3%。当所有老人都购买了保险合约4（未参加长期护理合作项目，无理赔期限，日赔付上限241美元）时，商业保险将支付所有老人100%的长期护理服务费用。因此，无论老人的资产数量，Medicaid支出占总长期护理服务费用的比例总是0%。

当所有老人分别购买了三类参加了长期护理合作项目的合作长期护理保险合约后（保险合约5、保险合约6和保险合约7。3类合作长期护理保险合约均存在3年理赔期限，日赔付上限分别为158美元、241美元和241美元，并分别以“理赔额保障”“理赔额保障”和“全资产保障”方式参加长期护理合作项目），Medicaid将为资产百分位第20位的男性老人分别支付28%、25%和25%的长期护理服务费用，同时为资产百分位第90位的男性老人分别支付8%、10%和16%的长期护理服务费用。购买合作长期护理保险合约或对应的未参加长期护理合作项目的普通保险合约（理赔期限3年）对低资产老人的Medicaid支出占比影响不大，因为他们需要保护的资产不多。当老人拥有较高资产时，购买合作长期护理保险合约将显著提高Medicaid支出占比，这反映了长期护理合作项目通过放松Medicaid资产限制的方式切实保障了老人的资产。当老人购买了以“总资产保障”方式参加长期护理合作项目的合作长期护理保险合约（保险合约7）时，Medicaid支出占老人总长期护理服务费用的比例最高。

女性老人的Medicaid支出占比模式与男性相似，但是无论年龄和资产水平，Medicaid为她们支付长期护理服务费用的比例总是比对应年龄和资产的男性老人高。这主要是因为女性需要长期护理服务的概率更大、时间更长，导致她们更容易用到Medicaid福利。

表6－2的第1—7列分别报告了前述7种不同类型长期护理保险针对不同资产老人的Medicaid隐性税率。Medicaid隐性税率的定义为：$\frac{\Delta EPDV(\text{Medicaid 支出})}{EPDV(\text{保险理赔金额})}$，即购买与不购买长期护理保险时Medicaid为

老人支付的长期护理服务费用预期现值的差除以长期护理保险的理赔额，相当于长期护理保险总理赔额中支付给 Medicaid 的比例。低资产老人在购买未参加长期护理合作项目的普通长期护理保险合约时面临非常高的隐性税率。这是因为当老人未购买长期护理保险时，Medicaid 将支付老人几乎全部的长期护理服务费用，当老人购买了长期护理保险时，大部分的长期护理服务费用将由长期护理保险支付，相当于老人购买长期护理保险并没有额外保障自己的资产，而是节省了大笔公共医疗支出。低资产的老人在购买参加了长期护理合作项目的合作长期护理保险合约时也面临相近的高隐性税率。这是因为这些老人并没有太多需要保障的资产。

与之相反，高资产老人在购买参加了长期护理合作项目的合作长期护理保险合约时会面临负隐性税。这是因为当高资产老人购买这类长期护理保险后，Medicaid 为他们支付的长期护理服务费用不是降低，而是增加了。例如，考虑处于资产百分位第 90 位的女性老人，她终生预期支付的长期护理服务费用的现值为 65 280 美元（以下均为现值）。如果她不购买任何长期护理保险，Medicaid 将为她支付这个金额的 10.5%，即 6 840 美元。但是，如果她购买了以“全资产保障”方式参加长期护理合作项目的合作长期护理保险合约，Medicaid 为她支付的长期护理服务费用将增长至 18 719 美元，此时长期护理保险合约将为她支付 36 896 美元的长期护理服务费用，转化为 Medicaid 隐性税率即为 -32%。

表 6-2　各类型长期护理保险的 Medicaid 隐性税

资产百分位	保险合约 1	保险合约 2	保险合约 3	保险合约 4	保险合约 5	保险合约 6	保险合约 7
			男性				
20 分位	0.958	0.958	0.895	0.894	0.957	0.890	0.890
30 分位	0.900	0.899	0.829	0.823	0.897	0.815	0.815
40 分位	0.819	0.819	0.754	0.736	0.802	0.714	0.714

续表

资产百分位	保险合约1	保险合约2	保险合约3	保险合约4	保险合约5	保险合约6	保险合约7
男性							
50分位	0.707	0.707	0.677	0.633	0.662	0.587	0.587
60分位	0.573	0.566	0.560	0.507	0.485	0.430	0.430
70分位	0.431	0.407	0.420	0.365	0.283	0.243	0.243
80分位	0.279	0.235	0.263	0.210	0.103	0.068	0.050
90分位	0.116	0.087	0.104	0.078	0.000	-0.030	-0.115
女性							
20分位	0.981	0.982	0.932	0.930	0.981	0.927	0.927
30分位	0.945	0.949	0.891	0.888	0.942	0.871	0.871
40分位	0.885	0.895	0.847	0.824	0.863	0.781	0.781
50分位	0.812	0.812	0.830	0.743	0.734	0.661	0.661
60分位	0.730	0.688	0.785	0.630	0.545	0.492	0.492
70分位	0.638	0.526	0.661	0.482	0.306	0.253	0.250
80分位	0.486	0.311	0.456	0.285	0.101	0.030	-0.052
90分位	0.205	0.115	0.184	0.105	0.023	-0.037	-0.322

资料来源：作者计算。

表6-3展示了前述7种不同类型长期护理保险的净附加费率（net loads）。净附加费率的定义是：$1-\frac{EPDV(\text{保险理赔额})-\Delta EPDV(\text{Medicaid 支出})}{EPDV(\text{保费})}$，即1减保险赔付率（保险合约预期理赔额的现值除以预期支付保费的现值）加购买与不购买长期护理保险时Medicaid支出预期现值的差除以预期支付的长期护理保险保费的现值。继续以处于资产分布百分位第90位的女性老人为例，当老人购买以“全资产保障”方式参加长期护理合作项目的合作长期护理保险合约时，她预期将为此合约支付34 873美元保费（现值，以下相同），同时此保险合约预期将赔付她36 896美元的长期护理服务费用。当老人不购买任何长期护理保险时，Medicaid

将为她支付6 842美元的长期护理服务费用。当她购买了上述合作长期护理保险合约时，Medicaid将为她支付18 719美元，计算可得净附加费率为-39.9%。当老人资产较低时（无论男性还是女性），长期护理合作项目对长期护理保险合约的净附加费率基本没有影响。当老人资产较高时，以“全资产保障”方式参加长期护理合作项目比以“理赔额保障”方式参加长期护理合作项目对净附加费率的影响更显著，而且女性净附加费率的变化也比男性更大。购买“全资产保障型”合作长期护理保险合约的高资产女性的净附加费率变化最大。

表6-3　　各类型长期护理保险的净附加费率

资产百分位	保险合约1	保险合约2	保险合约3	保险合约4	保险合约5	保险合约6	保险合约7
男性							
20分位	0.979	0.980	0.948	0.948	0.979	0.945	0.945
30分位	0.950	0.951	0.914	0.913	0.948	0.907	0.907
40分位	0.910	0.911	0.877	0.869	0.901	0.857	0.857
50分位	0.854	0.854	0.838	0.818	0.831	0.794	0.794
60分位	0.786	0.784	0.780	0.754	0.742	0.715	0.715
70分位	0.716	0.704	0.710	0.683	0.641	0.621	0.621
80分位	0.640	0.618	0.632	0.605	0.551	0.534	0.525
90分位	0.558	0.543	0.552	0.539	0.500	0.485	0.443
女性							
20分位	0.980	1.001	0.928	0.925	0.980	0.922	0.922
30分位	0.942	0.966	0.884	0.899	0.938	0.864	0.864
40分位	0.879	0.908	0.839	0.831	0.855	0.768	0.768
50分位	0.801	0.818	0.820	0.744	0.718	0.642	0.642
60分位	0.715	0.684	0.772	0.621	0.519	0.463	0.463
70分位	0.617	0.510	0.642	0.462	0.266	0.210	0.206
80分位	0.457	0.278	0.424	0.249	0.049	-0.026	-0.113
90分位	0.159	0.066	0.137	0.055	-0.034	-0.097	-0.399

资料来源：作者计算。

接下来，本章考察长期护理合作项目对长期护理保险覆盖率和Medicaid支出的潜在影响。这将取决于：（1）没有长期护理合作项目前没有购买长期护理保险，但被长期护理合作项目吸引购买合作长期护理保险的老人数量（新购合作长期护理保险的人数）；（2）没有长期护理合作项目前购买了普通长期护理保险，但在引入长期护理合作项目后重新投保于合作长期护理保险的老人数量（转购合作长期护理保险的人数）；（3）这些转变对Medicaid支出的影响。

显然，老人在现实中可以选择的保险合约类型几乎是无限的，但将现实中的所有可能都完整地体现在动态优化模型中显然并不切合实际。因此，本章选择了两种最可能发生的情况进行分析。第一种情况主要考虑了现实数据中老人购买长期护理保险时展现出的偏好；第二种情况则充分考虑了老人对不同类型保险合约的理论最优化选择。

第一种情况首先假设没有长期护理合作项目，此时老人将根据自身在资产分布上的位置决定是否购买典型的普通长期护理保险合约（理赔期限3年，日赔付上限158美元）。如果动态优化模型计算出老人对典型普通长期护理保险合约的支付意愿高于0，他们就会购买此保险合约，否则，他们将放弃对金融资产的保障。然后，假设政府在某一时点引入长期护理合作项目。此时，老人将根据自身的财务情况再一次选择是否购买同样具有3年理赔期限，日赔付上限158美元，但是参加了长期护理合作项目的合作长期护理保险合约。与推出长期护理合作项目之前一样，如果动态优化模型计算出老人对合作长期护理保险的支付意愿高于0，老人将购买此保险合约，否则将不会购买。值得注意的是，老人在政府推出长期护理合作项目后将不再购买未参加长期护理合作项目的普通长期护理保险合约。这是因为在保费相同的情况下，合作长期护理保险合约提供了比普通长期护理保险合约更高的保障水平。因此，无论老人的财务状况，他们对合作长期护理保险合约的支付意愿都更高。此时，购买合作长期护理保险的老人可以被分为两类：第一类老人在政府推出长期护理合作项目之前没有购买典型普通长期护理保险，但被长期护理合作项目吸引购买了合作长期护理保险合约；第二类老人在政府推出长期护理合作项目之前就已经购买了普通长期护理保险合约，在政府推出长期护理合作项目之后他们都会重新投保于参加了长期护理合作项目的合作长期护理保险合约。

数值模拟发现，当政府没有引入长期护理合作计划时，30%男性老人和41%女性老人会购买典型普通长期护理保险合约，剩下的70%男性老人和59%女性老人选择放弃对资产的保护。随着政府推出长期护理合作项目，没有选择购买普通长期护理保险合约的5%男性老人和4%女性老人被合作项目吸引购买了合作长期护理保险合约。他们都是拥有中等资产的老人。在购买合作长期护理保险之前，Medicaid 预期为这5%男性老人和4%女性老人分别平均支付10 194美元和42 967美元（现值，以下相同）的长期护理服务费用。在购买合作长期护理保险合约之后，Medicaid 预期为他们支付的长期护理服务费用分别下降至4 787美元和23 322美元。但是，在引入长期护理合作项目之前就已经购买典型普通长期护理保险合约的30%男性老人和41%的女性老人将转为购买以“理赔额保障”方式参加长期护理合作项目的合作长期护理保险合约。这些都是拥有较高资产的老人。Medicaid 预期为他们支付的长期护理服务费用将分别从866美元和7 114美元增长至2 679美元和14 665美元。由于拥有的资产水平相对较低，剩余的65%男性老人和55%的女性老人仍然不会购买任何类型的长期护理保险。从资产不同的三类老人的平均效果来看，Medicaid 每从被吸引购买合作长期护理保险合约的中等资产老人身上节省1美元支出，它就需要分别为那些在政府推出长期护理合作项目之前就已经购买了普通长期护理保险合约，并重新投保于合作长期护理保险合约的高资产男性和女性老人提供2.3美元和4.1美元的补贴。

第二种情况假设在政府引入长期护理合作项目之前，老人会购买前述4种未参加长期护理合作项目的普通长期护理保险合约中支付意愿最高的保险合约（如果支付意愿大于0）。在政府推出长期护理合作项目之后，他们会购买前述7种长期护理保险合约（4种普通长期护理保险合约和3种合作长期护理保险合约）中支付意愿最高的保险合约（如果支付意愿大于0）。类似地，在政府推出长期护理合作项目之后，根据在资产分布上所处的位置，老人中的一部分（拥有最低资产）不受长期护理合作项目的影响；一部分（拥有中等资产）会被吸引购买参加了长期护理合作项目的合作长期护理保险合约；另一部分（拥有较高资产）会重新投保于参加了长期护理合作项目的合作长期护理保险合约；最后一部分（拥有最高资产）则会继续选择购买未参加长期护理合作项目的无理赔期限的普通长期护理保险合约。

继续通过数值模拟计算可以发现，在政府引入长期护理合作项目之前，共有30%的男性老人和41%的女性老人购买了各类型未参加长期护理合作项目的普通长期护理保险合约，其余70%的男性老人和59%的女性老人选择放弃购买长期护理保险。随着政府推出长期护理合作项目，5%男性老人和4%女性老人被吸引购入了各类型合作长期护理保险合约，其中男性老人偏好购买以“理赔额保障”方式参加长期护理合作项目的保险合约（理赔期限3年，日赔付上限158美元），而女性老人则更喜欢以“全资产保障”方式参加长期护理合作项目的保险合约（理赔期限3年，日赔付上限241美元）。不同的选择反映了男性和女性之间保险赔付率和长期护理服务需求的差异。

与第一种情况相同，被吸引购买各类型合作长期护理保险合约的老人也都拥有中等资产。在购买合作长期护理保险之前，Medicaid预期为这些男性和女性老人分别平均支付10 194美元和42 967美元的长期护理服务费用。在购买合作长期护理保险合约之后，Medicaid预期为他们支付的长期护理服务费用将分别下降至4 787美元和23 250美元。但是，11%的男性老人（资产百分位第71—81位）和23%的女性老人（资产百分位第60—82位）选择将他们购买的普通长期护理保险合约转变为参加了长期护理合作项目的合作长期护理保险合约。与新购长期护理保险的老人一样，男性老人更偏好购买日赔付上限为158美元的，以“理赔额保障”方式参加长期护理合作项目的合作长期护理保险合约，而女性老人则更偏好购买日赔付上限为241美元的，以“全资产保障”方式参加长期护理合作项目的合作长期护理保险合约。这个转变将导致Medicaid为这些男性老人支付的长期护理服务费用从0美元增加到4 119美元，为这些女性老人支付的长期护理服务费用从3 385美元增加到21 822美元。资产最低的老人仍然不会购买任何类型的长期护理保险。资产最高的老人仍然会购买无理赔期限，日赔付上限为241美元的未参加长期护理合作计划的普通长期护理保险合约。长期护理合作项目对这两个群体的长期护理保险购买决策和Medicaid支出没有影响。从资产不同的四类老人的平均效果来看，Medicaid需要为男性和女性老人每1美元的长期护理服务费用支出降低分别提供1.68美元和5.38美元的长期护理合作项目补贴。

第五节 结　论

本章构建了一个关于长期护理保险购买决策的动态优化模型。在合理校准其中的偏好参数后，本章利用数值模拟发现，政府推出长期护理合作项目理论上可以吸引5%的男性老人和4%的女性老人开始购买合作长期护理保险，但是被吸引的老人并不属于低资产群体，而且在未来利用Medicaid支付的长期护理服务费用也并不高。同时，长期护理合作项目的绝大部分补贴将流向在项目推出前就已经购买了普通长期护理保险的高资产老人。数值模拟显示，Medicaid每节省1美元的长期护理服务费用支出，长期护理合作项目就需要为高资产男性老人和女性老人分别提供1.68—2.30美元和4.10—5.38美元的补贴。本章的发现与Courtemanche和He（2009），Goda（2011），Sun（2010）和Lin和Prince（2012）的实证研究结果保持一致。

最后值得提到的是本章的预测存在两点不足。第一，模型预测男性老人资产百分位第 70 位及以上，女性老人资产百分位第 60 位及以上对长期护理保险的支付意愿为正，即如果老人是理性的，拥有所有信息，并且模型可以完美捕捉所有影响长期护理保险购买决策的相关因素，那么大约 1/3 的老人应该购买长期护理保险，但是现实数据显示长期护理保险覆盖率长期维持在 10%—12%。这可能导致长期护理合作项目存在一定的宣传作用，从而使项目的实际效果（增加长期护理保险覆盖率）比模型预测更好。第二，模型没有考虑专门针对低资产老人进行补贴的情况。如果可以对现有的长期护理合作项目进行一定的调整，比如限制只有资产低于某个最优资产门槛的老人才可以获得合作项目补贴，那么项目对 Medicaid 总支出的影响就将显著好转。当然，在现实中施行存在具体补贴目标的政策也并不容易，很多观测不到的因素都会影响老人的长期护理保险购买决策，从而对政策效果产生影响。

第七章

长期护理保险的创新

第一节　引　　言

如前所述，尽管长期护理服务费用对美国老人构成重大财务风险，但只有10%—12%的老人购买了长期护理保险，其他接近90%的老人都放弃了对资产的保护。America's Health Insurance Plans（2012）向咨询过长期护理保险相关信息，但最终没有购买长期护理保险合约的老人发放了调查问卷，发现87%的老人最终没有购买长期护理保险合约的原因都包括“保险合约价格太贵”。其他令老人放弃购买长期护理保险的原因还包括保险条款过于复杂、保险理赔前提条件太多、等待更好的保险合约出现、不相信保险公司未来会按照合约赔付等。

商业长期护理保险的低覆盖率导致目前全美近半长期护理服务费用被公共健康保险Medicaid承担（详见第二章），因此，政策制定者一直在寻找可以提高长期护理保险覆盖率、降低公共财政压力的办法。吸引更多老人购买长期护理保险的第一个方法是利用公共政策增强长期护理保险的性价比。但是，Courtemanche和He（2009），Goda（2011），Prince和Lin（2013），Sun和Webb（2013）和本书第五章、第六章的研究表明，近年来推出的公共政策，例如联邦税收优惠、州税收补贴、长期护理合作项目等，或者对长期护理保险市场的促进效果有限，或者会增加而非降低公共财政支出。

第二个可能吸引更多老人购买长期护理保险的方法是丰富长期护理保险的供给，针对老人的切实需要进行设计，给老人提供更多可供选择的长期护理保险产品。本章从这个角度出发，评估了创新的“巨灾型”长期护理保险。根据设计，老人需要利用自身的金融资产自费支付约定期间（本章之后称之为“等待期”）的长期护理服务费用，之后保险公司将为购买了保险的老人报销长期护理服务费用，直到老人去世。“巨灾型”长期护理保险合约保障了老人长期护理服务费用的尾部风险，同时，更长的等待期也使“巨灾型”长期护理保险合约的价格比普通长期护理保险低得多。这将显著缓解老人对保费成本的担忧，吸引他们开始购买长期护理保险，改善他们的福利并减少公共医疗支出。

本章针对研究目标修改了 Brown 和 Finkelstein（2008）的动态优化模型，并以之计算了拥有不同资产的老人对“巨灾型”长期护理保险合约的支付意愿。由于“巨灾型”长期护理保险合约的保费显著低于普通长期护理保险合约的保费，本章发现更多老人可以负担得起这种保险合约。此外，“巨灾型”长期护理保险合约也可以完美保障长期护理服务费用的尾部风险。基准模型的数值模拟结果显示，引入“巨灾型”长期护理保险合约理论上将吸引 11% 的中等资产男性和 3% 的中等资产女性新购长期护理保险，还将使 Medicaid 为男性和女性老人支付的长期护理服务费用分别减少 0.20% 和 0.19%。

本章的剩余部分安排如下：第二节介绍本章用于评估“巨灾型”长期护理保险合约的动态优化模型；第三节展示并解释了数值模拟的结果；最后一节做了总结。

第二节　动态优化模型

本节介绍用于衡量老人对“巨灾型”长期护理保险合约支付意愿的动态优化模型。本节的生命周期模型以 Brown 和 Finkelstein（2008）中关于长期护理保险购买决策的模型为基础，并根据本文的研究目标进行了调整。老人在每个月都可能处于以下五种长期护理状态之一：（1）居家，无需长期护理服务；（2）居家，需要家庭护理服务（home health care）；（3）需要居住在提供辅助生活设施的养老院（assisted living facilities）；（4）需要居住在提供必要医疗设施的护理院（nursing homes）；（5）已死亡。本章直接利用了 Brown 和 Finkelstein（2008）中的长期护理服务需求矩阵，以便对结果进行更直接的比较。在未汇报的结果中，本节也尝试利用了 Friedberg 等（2014）估计的长期护理状态转移矩阵进行稳健性检验。在两个长期护理服务需求矩阵中，老人的长期护理状态转移概率均与性别和年龄相关。

本章研究的对象是已退休的单身男性和女性老人，他们的目标是最大化终生预期贴现效用，效用方程如下：

$$\sum_{t=1}^{T}\sum_{s=1}^{5}\beta^{t-1}Q_{s,t}\frac{(C_{s,t}+F_{s,t})^{1-\gamma}-1}{1-\gamma} \qquad (式 7-1)$$

其中，$Q_{s,t}$是老人在 t 期处于长期护理状态 s 的概率。$C_{s,t}$是老人在 t 期处于长期护理状态 s 下的普通消费。$F_{s,t}$是当老人进入长期护理机构接受长期护理服务时，养老院或护理院所提供食宿的价值。注意食宿已经包含在养老院或护理院收取的长期护理服务费用之中，不需要老人额外支付。长期护理机构提供的其他非医疗或医疗服务不产生效用。β 是时间贴现因子。γ 代表老人的风险厌恶程度。

当老人不需要长期护理服务，或需要长期护理服务但不满足 Medicaid 的支付条件时，老人的预算约束如下：

$$W_{t+1}=(W_t+A_t-(1-I_D)P_{s,t}+\min(I_DB_{s,t},\ M_{s,t})-M_{s,t}-C_{s,t})(1+R_f)$$

（式 7 -2）

其中，W_t 为 t 期的金融资产。A_t 为 t 期的年金收入。$P_{s,t}$ 为老人在 t 期应支付的购买于 s 期的长期护理保险保费。显然，未购买长期护理保险的老人不需要支付保费，也不能报销任何长期护理服务费用。老人只须在健康（不需要长期护理服务）时或等待期支付保费。与 Brown 和 Finkelstein（2008）保持一致，本章利用给定的保险赔付率反推计算了老人应支付的长期护理保险保费，其中男性的保险赔付率为 50%，女性为 106%。I_D 是一个指标函数，如果老人需要长期护理服务，且已经通过了长期护理保险的等待期，则 I_D 取 1，否则 I_D 为 0。$B_{s,t}$ 是保险条款中约定的当老人在 t 期处于长期护理状态 s 时，保险公司的理赔上限。$M_{s,t}$ 是 t 期处于长期护理状态 s 的老人实际发生的长期护理服务费用。保险公司最终赔付的长期护理服务费用为保险合约的理赔上限和实际发生的长期护理服务费用中较低的金额。R_f 是无风险利率。与相关文献保持一致，本章的动态优化模型设置老人任何时期的金融资产不能低于 0（$W_t \geqslant 0$）。

如果老人需要长期护理服务且通过了 Medicaid 的资产和收入检查，那么他们的预算约束变为：

$$W_{t+1}=(\min(W_t,\ \underline{W})+\min(A_t,\ \underline{C_s})-C_{s,t})(1+R_f) \quad （式 7 -3）$$

其中，$\underline{W}$ 和 $\underline{C_s}$ 分别为 Medicaid 资产和收入检查允许老人保留的资产和收入。收入的下限与老人所处的健康状态 s 相关。当老人的金融资产和收入同时小于资产检查和收入检查的下限时，Medicaid 将支付老人剩余的长期护理服务费用。Medicaid 所支付的长期护理服务费用为：

$$M_{s,t}-\min(I_DB_{s,t},\ M_{s,t})-\max(A_t-\underline{C_s},\ 0)-\max(W_t-\underline{W},\ 0)$$

（式 7 -4）

即老人实际发生的长期护理服务费用减长期护理保险所赔付的部

分，减 Medicaid 允许老人保留的收入，减 Medicaid 允许老人保留的金融资产。

为使本章的结果与 Brown 和 Finkelstein（2008）的结果更具有可比性，本章基准模型的参数值和老人的资产分布均直接取自 Brown 和 Finkelstein（2008）。老人在 65 岁时进入模型，此时他们已退休且不需要任何长期护理服务。模型中的最大年龄 T 设定为 105 岁。风险厌恶系数 γ 为 3。实际利率、时间贴现率和通货膨胀率都被设定为 3%。实际长期护理服务费用每年增长 1.5%。长期护理保险条款为：日赔付上限 100 美元，无理赔期限，没有通货膨胀保护。养老院和护理院的长期护理服务费用分别为每年 25 908 美元和 51 480 美元。家庭护理服务的费用为每小时 18 美元。Medicaid 允许老人保留 2 000 美元金融资产。如果老人在长期护理机构接受长期护理服务，那么 Medicaid 允许老人每月保留 30 美元收入。如果老人在家中接受长期护理服务，那么 Medicaid 允许老人每月保留 545 美元的收入用于普通消费支出。养老院和护理院所提供的食宿的消费价值被设定为 515 美元。

第三节　数值模拟结果

本节详细对比了具有不同长度等待期的“巨灾型”长期护理保险合约与 Brown 和 Finkelstein（2008）中没有等待期的长期护理保险合约（以下称为“BF 保险合约”）。首先，如果假设“巨灾型”长期护理保险合约与 BF 保险合约具有相同的保险赔付率，那么从保费的角度看，男性包含 3 个、6 个、12 个、18 个、24 个和 36 个月等待期的“巨灾型”长期护理保险合约的保费分别比 BF 保险合约便宜 11.3%、21.2%、37.1%、49.5%、59.3% 和 73.2%。女性具有相应等待期的“巨灾型”长期护理保险合约的保费分别比 BF 保险合约便宜 7.9%、

15.1%、27.7%、38.1%、47.0%和60.9%。

接下来，本节通过计算处于资产分布不同位置的老人对不同类型长期护理保险合约的支付意愿，来考察老人对系列“巨灾型”长期护理保险合约的最优购买决策。支付意愿是从终生效用的角度对长期护理保险合约赋予的现金价值。它等于被禁止购买长期护理保险的老人需要得到的现金数量，以使其终生预期效用等于老人购买了对应长期护理保险合约后所获得的终生预期效用。根据定义，当老人的支付意愿大于0时，拥有长期护理保险可以提高老人一生的预期效用，因此购买对应的长期护理保险合约是老人的最优选择。如果老人对某个类型的长期护理保险合约的支付意愿为负，那么强迫老人购入此保险合约会降低他们一生的预期效用，因此放弃长期护理保险对资产的保障是老人的最优选择。如果老人对BF保险合约的支付意愿为负，但是对某个“巨灾型”长期护理保险合约的支付意愿为正，那么在引入“巨灾型”长期护理保险合约之前不会购买BF长期护理保险合约的老人将在推出“巨灾型”长期护理保险合约后开始购买对应“巨灾型”长期护理保险合约。如果老人对BF保险合约和“巨灾型”长期护理保险合约的支付意愿均为正，但是对“巨灾型”长期护理保险合约的支付意愿更高，那么就说明“巨灾型”长期护理保险合约可以给老人带来更高的终生预期效用，此时原本购买了BF保险合约的老人将会重新投保于“巨灾型”长期护理保险合约。

表7-1的上、下两组数据分别展示了拥有不同资产的男性和女性老人对各类型长期护理保险合约的支付意愿。第1列为老人对无等待期的BF保险合约的支付意愿。第2—7列分别展示了老人对具有3个、6个、12个、18个、24个和36个月等待期的“巨灾型”长期护理保险合约的支付意愿。具有暗色背景的单元格代表这个单元格所对应的长期护理保险合约，是处于资产分布对应位置的老人的最优保险合约选择。很明显，高资产老人的最优选择是等待期较短或无等待期的长期护理保险合约。拥有中等资产的老人则更应该购买存在一定等待期的“巨灾

型”长期护理保险合约，因为“巨灾型”长期护理保险合约除了可以有效保障老人长期护理服务费用的尾部风险外，需要支付的保费也不会给家庭预算造成太大压力。最后，由于需要保护的金融资产有限，低资产老人的最优选择是不购买任何类型的长期护理保险（老人对任何类型长期护理保险合约的支付意愿均小于0）。当他们需要长期护理服务时，依靠针对贫困群体的公共健康保险 Medicaid 来支付长期护理服务费用是性价比更高的选择。需要注意的是，本章没有考虑长期护理服务的质量差异，因此由哪种方式支付长期护理服务费用对老人的效用不产生任何影响。

下面以处于资产百分位第 60 位的单身男性老人为例来进行更详细的说明。首先，老人对 BF 保险合约的支付意愿为 -3 000 美元，说明他不应该购买此保险合约。强迫老人购买 BF 保险合约会降低他的预期终身效用，因此老人愿意在 65 岁时支付 3 000 美元以换取免除购买长期护理保险的权利。换句话说，如果让老人对购买 BF 长期护理保险合约或支付罚款这两个选项进行选择的话，那么只要罚款金额低于 3 000 美元，老人都会选择交罚款而不是购买 BF 保险合约。老人对“巨灾型”长期护理保险合约的支付意愿随等待期的延长而呈现倒“U”形。这是因为老人需要在保费成本和保险合约的保障程度之间进行权衡。老人拥有的资产数量中等，面临一定的财务压力，因此当长期护理保险合约的等待期较短、保费较高时，降低保费可以提高他的终生预期效用。此时老人对“巨灾型”长期护理保险合约的支付意愿随等待期的延长而逐渐增加，直到等待期达到 24 个月，此时他愿意额外支付 3 200 美元来换取购买此保险合约的权利。当保费降低到一定程度之后，保险合约对资产的保障程度将变得更为重要。因此，老人对存在更长等待期的保险合约的支付意愿开始下降。此时他对具有 36 个月等待期的“巨灾型”长期护理保险合约的支付意愿下降为 3 100 美元。总地来看，在保险公司推出“巨灾型”长期护理保险合约后，原本不会购买长期护理保险的老人被吸引购买了一份等待期为 24 个月的“巨灾型”长期护理保险合约，这也是他可以选择的最优长期护理保险合约。他的福利收益价值3 200 美元。

表 7 – 1　拥有不同资产的老人对各类型长期护理保险的支付意愿

资产百分位	无等待期	等待期					
		3 个月	6 个月	12 个月	18 个月	24 个月	36 个月
男性							
10 分位							
20 分位						-7.5	-5.0
30 分位	-18.2	-16.2	-14.3	-11.3	-8.9	-7.1	-4.6
40 分位	-16.3	-14.1	-12.2	-9.1	-6.8	-5.2	-3.3
50 分位	-11.4	-9.6	-8.0	-5.3	-3.4	-2.2	-1.0
60 分位	-3.0	-1.6	-0.3	1.6	2.7	3.2	3.1
70 分位	6.4	7.3	8.1	9.1	9.4	9.2	7.8
80 分位	17.8	18.3	18.6	18.7	18.3	17.4	14.7
90 分位	25.6	26.1	26.3	26.2	25.6	24.5	21.5
女性							
10 分位							
20 分位							-8.4
30 分位	-20.7	-19.3	-18.0	-15.5	-13.3	-11.5	-8.5
40 分位	-18.9	-17.7	-16.5	-14.1	-12.1	-10.4	-7.7
50 分位	-11.5	-10.7	-9.9	-8.2	-6.8	-5.6	-4.0
60 分位	1.6	1.7	1.8	2.2	2.5	2.7	2.5
70 分位	14.4	13.9	13.4	12.4	11.5	10.6	8.9
80 分位	29.8	28.9	27.8	25.5	23.1	21.0	17.4
90 分位	41.6	40.6	39.6	37.2	34.7	32.1	27.1

资料来源：作者计算。

综合表 7 – 1 的上半部分可以发现，虽然资产百分位第 64 位及以上的男性老人愿意购买无等待期的 BF 保险合约，但在引入“巨灾型”长期护理保险合约之后，他们会重新投保于可以给他们带来更高终生预期效用的存在不同等待期的“巨灾型”长期护理保险合约。此外，处于资产百分位第53—63位的男性老人原本不会购买长期护理保险（他们对BF保险合约的支付意愿小于0），但在“巨灾型”长期护理保险合约推出之后，他们对存在不同等待期的“巨灾型”长期护理保险合约的支付意愿大于0。这代表着11%的男性老人将会被吸引新购“巨灾型”长期护理保险合约。类似的，表7－1的下半部分显示约3%的中等资产女性老人（资产百分位第56—58位）会被吸引购买不同等待期的“巨灾型”长期护理保险合约。但是，高资产女性老人仍然会购买不存在等待期的BF保险合约。这反映了她们更高的长期护理服务需求。

最后，本节考察了引入创新的“巨灾型”长期护理保险合约对公共医疗支出的影响。表7－2汇报了当拥有不同资产的老人购买了不同类型的长期护理保险时，Medicaid为老人支付的长期护理服务费用占总长期护理服务费用的比例。此比例越低，代表老人利用了更多私人资源支付长期护理服务费用，例如商业长期护理保险、自身储蓄等。此比例越高，代表老人利用了更多公共医疗资源来支付其长期护理服务费用。与表7－1类似，表7－2的上半部分汇报了男性的结果，下半部分汇报了女性的结果。第1列报告的是当老人未购买任何长期护理保险时，Medicaid支付的长期护理服务费用的比例。第2列报告的是当老人购买了无等待期的BF保险合约时的Medicaid支付比例。第3—8列报告的是当老人购买了存在3个、6个、12个、18个、24个和36个月等待期的“巨灾型”长期护理保险合约时的Medicaid支付比例。

当老人未购买长期护理保险时，Medicaid为资产百分位第10位的男性老人支付了94%的长期护理服务费用，而对于资产百分位第90位的男性老人，此比例仅为7%。BF保险合约没有等待期，自老人开始使用长期护理服务保险公司就为其报销长期护理服务费用，因此在老人购买BF保险合约后，Medicaid的支付比例下降最大。当处于资产百分位第10位的老人购买BF保险合约后，Medicaid为其支付的长期护理服务费用比例从94%下降至48%。高资产老人很难满足 Medicaid 的资产和收入检查。当处于资产百分位第90位的老人购买 BF 保险合约后，Medicaid 的支付比例仅下降2个百分点，从7%下降至5%。当老人购买了存在不同等待期的“巨灾型”长期护理保险合约时，Medicaid 支付比例的下降程度随等待期的延长而降低。

表7-2　Medicaid 支付老人长期护理服务费用的比例

资产百分位	无保险	无等待期	等待期					
			3个月	6个月	12个月	18个月	24个月	36个月
男性								
10分位	0.94	0.48	0.53	0.57	0.65	0.70	0.75	0.81
20分位	0.89	0.44	0.49	0.54	0.61	0.67	0.71	0.77
30分位	0.80	0.41	0.45	0.49	0.56	0.61	0.64	0.70
40分位	0.71	0.37	0.40	0.44	0.49	0.54	0.57	0.62
50分位	0.60	0.32	0.34	0.37	0.41	0.45	0.47	0.51
60分位	0.46	0.26	0.28	0.30	0.33	0.35	0.37	0.39
70分位	0.32	0.20	0.21	0.22	0.24	0.26	0.27	0.29
80分位	0.17	0.12	0.13	0.13	0.14	0.15	0.15	0.16
90分位	0.07	0.05	0.05	0.05	0.05	0.06	0.06	0.06
女性								
10分位	0.95	0.52	0.55	0.58	0.63	0.68	0.72	0.78
20分位	0.92	0.49	0.52	0.55	0.61	0.65	0.69	0.75
30分位	0.88	0.46	0.49	0.52	0.57	0.62	0.65	0.71
40分位	0.80	0.43	0.45	0.48	0.52	0.56	0.59	0.65
50分位	0.72	0.38	0.40	0.42	0.46	0.49	0.52	0.57
60分位	0.60	0.33	0.34	0.35	0.38	0.41	0.44	0.47
70分位	0.45	0.24	0.25	0.26	0.28	0.30	0.31	0.35
80分位	0.24	0.15	0.15	0.16	0.16	0.17	0.18	0.19
90分位	0.08	0.06	0.06	0.06	0.06	0.06	0.06	0.06

资料来源：作者计算。

假设老人总是购买市场上带来最高终生预期效用（支付意愿最高）的长期护理保险合约，那么保险产品创新对公共医疗支出的影响就取决于处于资产分布不同位置的老人在推出“巨灾型”长期护理保险合约之后的差异化反应。老人按照最优长期护理保险购买决策的变化可以被分成四类：（1）在推出“巨灾型”长期护理保险合约前后都不会购买任何长期护理保险合约的老人；（2）不会购买无等待期的 BF 保险合约，但是会被吸引购买不同等待期“巨灾型”长期护理保险合约的老人；（3）在引入“巨灾型”长期护理保险合约前会购买 BF 保险合约，但是在新保险合约推出后会重新投保于更便宜但保障程度也有所降低的新保险合约的老人；（4）在推出“巨灾型”长期护理保险合约前后都会购买无等待期的 BF 保险合约的老人。从 Medicaid 支出的角度来说，在推出“巨灾型”长期护理保险合约后，第（2）类老人的 Medicaid 支出将会降低，因为新购的保险合约可以为老人支付部分长期护理服务费用，但是第（3）类老人的 Medicaid 支出会增加，因为新保险合约对他们资产的保障程度下降了。其他两类老人的 Medicaid 支出不受影响。

以男性老人的结果为例，上述第（2）类老人为拥有中等资产的 11% 男性老人（资产百分位第 53—63 位），他们新购了存在不同等待期的“巨灾型”长期护理保险合约。当他们没有购买任何长期护理保险合约时，Medicaid 平均支付了他们总长期护理服务费用的 48.9%。当他们购买了不同等待期的“巨灾型”长期护理保险合约之后，Medicaid 的平均支付比例降低至 39.0%。上述第（3）类老人为拥有较高资产的 37% 男性老人（资产百分位 64 组及以上），他们原本会购买无等待期的 BF 保险合约，但是在新保险产品推出后会改为购买存在不同等待期的“巨灾型”长期护理保险合约。Medicaid 平均为他们支付的长期护理服务费用比例将从 11.2% 上升至 13.8%。将上述效果按老人数量加权计算可得：推出“巨灾型”长期护理保险合约可以降低男性 Medicaid 支出的 0.20%。

利用同样的方法可以计算女性的 Medicaid 支出在推出“巨灾型”长期护理保险合约之后将减少 0.19%。

第四节 结 论

本章考察了保险创新（“巨灾型”长期护理保险）是否可以增加商业长期护理保险覆盖率，并且降低公共医疗支出。通过构建关于老人长期护理保险购买决策的动态优化模型，并利用数值方法求解，本章发现“巨灾型”长期护理保险合约最适合拥有中等资产的老人。他们有一些金融资产，可以自费负担短期的长期护理服务费用，但是如果他们需要较长时间的长期护理服务，他们的资产就会被很快耗尽，从而不得不降低消费与效用。当推出“巨灾型”长期护理保险合约后，他们可以以较低的保费来购买保险合约，并保障长期护理服务费用的尾部风险。数值模拟的结果显示，11%拥有中等资产的男性老人和3%拥有中等资产的女性老人会被吸引购买“巨灾型”长期护理保险合约。他们的社会福利也会相应增加。虽然引入“巨灾型”长期护理保险可以有效增加长期护理保险的覆盖率，但是其对公共医疗支出的影响较小。数值模拟的结果显示，在推出“巨灾型”长期护理保险合约后，男性和女性老人的Medicaid支出仅会分别降低0.20%和0.19%。

本章的理论模型中存在一个缺陷，即假设所有老人的偏好完全相同。因此，预测结果显示，资产超过某个门槛的所有老人都将购买长期护理保险，同时引入“巨灾型”长期护理保险合约将降低这个门槛。然而，从现实数据中可以发现，由于偏好和认知的异质性，很多高资产老人也暂时没有购买长期护理保险。“巨灾型”长期护理保险合约在保障了长期护理服务费用尾部风险的前提下，保费远低于普通长期护理保险，因此这种类型的创新保险产品可能会吸引比模型预测更多的老人购买不同等待期的“巨灾型”长期护理保险合约，并对Medicaid支出产生更大的正面影响。

第八章

长期护理保险的扩展研究

第一节　引　　言

相关文献与前几章均重点关注了长期护理保险对单身老人的重要性，并通过各种研究方法证实了针对贫困群体的公共健康保险 Medicaid 在很大程度上对商业长期护理保险产生了显著的挤出作用。本章扩展之前的研究，尝试考察已婚老人对长期护理保险的需求。在决定是否购买长期护理保险时，已婚夫妻需要考虑的问题要远比单身老人更复杂。首先，已婚夫妻普遍具有比单身老人更高的资产，因此长期护理保险的资产保障功能对已婚老人更具价值。其次，已婚夫妻可以共同承担长期护理服务费用对家庭造成的财务风险（pool risk），这在某种程度上将削弱长期护理保险对已婚老人的重要性。再次，当已婚夫妻的其中一方需要长期护理服务而另一方处于健康状态时，如果需要长期护理服务的配偶没有购买长期护理保险，那么高昂的长期护理服务费用会快速消耗家庭的共同资产，导致身体健康的配偶面临巨大的经济压力。为保障身体健康的配偶有足够的资产维持正常生活水平，已婚老人会增加对长期护理保险的需求。最后，Medicaid 通过 spousal impoverishment protection（SIP）规则允许已婚夫妻保留更高的资产与收入。SIP 规则保护了已婚老人的资产，同时也提升了 Medicaid 隐性税，导致已婚老人购买长期护理保险的概率降低。这些复杂因素极大增加了从理论角度考察已婚老人对长期护理保险需求的难度，也是导致文献普遍关注单身老人的重要原因之一。

本章尝试构建了关于已婚老人最优长期护理保险购买决策的动态优化模型，并尽可能地在模型中纳入了上述影响已婚老人购买长期护理保险的各类因素，尤其是资产因素和 Medicaid 的 SIP 规则。在模型中，给定对未来长期护理服务需求的预期，退休的已婚老人可以根据自身的资产水平选择使用商业长期护理保险、预防性储蓄或依赖公共健康保险来支付长期护理服务费用。模型利用数值最优化技术求解。

为了直接对比已婚老人与单身老人的长期护理保险购买决策，本章首先假设已婚老人无法利用 SIP 规则保留更多的资产与收入，同时假设已婚老人的资产分布与单身老人相同，仅通过 Citro 和 Michael（1995）的消费等价方法调增资产数量。数值模拟的结果显示，24% 的男性单身老人和 28% 的女性单身老人愿意以市场价格购买典型长期护理保险合约，而愿意购买典型长期护理保险合约的已婚老人比例几乎与单身老人相同。25% 的已婚夫妻对典型长期护理保险合约的支付意愿为正。这可能是两种反向影响已婚老人支付意愿的效果互相抵消所导致的（家庭内部风险共担与对健康配偶造成经济负担的风险）。其次，由于已婚老人的实际资产远高于按照消费等价方式调增的单身老人资产，因此模型预测 39% 的已婚夫妻在不考虑 SIP 规则的情况下愿意以市场价格购买商业长期护理保险，显著高于上一种情况的 24%，财富效应非常明显。最后，本章考察了 Medicaid 的 SIP 规则如何影响已婚老人的长期护理保险购买决定。数值模拟发现，引入 SIP 规则仅温和降低了已婚夫妻对长期护理保险的需求。造成这种情况的主要原因在于老人绝大多数的长期护理服务需求发生在配偶一方死亡之后，此时老人处于单身状态，SIP 规则无法生效，Medicaid 将按照单身老人的资产和收入标准要求仍在世的配偶。由于各州实施的 SIP 规则不同，本章发现在实施吝啬 SIP 规则的州中 36% 的已婚老人愿意购买典型长期护理保险合约，而在实施慷慨 SIP 规则的州，愿意购买长期护理保险的比例下降为 35%。

综合来看，如果已婚老人的资产与单身老人相近，那么双方对长期护理保险的需求也相似。但是，由于已婚夫妻的资产分布相对于单身老人显著右移，因此财富效应导致愿意购买长期护理保险的已婚老人比例显著高于单身老人。

本章的剩余部分安排如下：第二节解释 Medicaid 的 SIP 规则；第三节介绍针对已婚老人的动态优化模型；第四节展示数值模拟的结果；最后一节做了总结。

第二节 相关政策背景

如第二章所述，当老人满足 Medicaid 对资产和收入的限制后，Medicaid 将为老人支付所有剩余的长期护理服务费用。当单身老人需要机构护理服务时，Medicaid 允许老人保留的金融资产为 2 000 美元，允许老人保留的月收入为 30 美元，所有超过限制的金融资产和收入都必须首先用于支付长期护理服务费用。当已婚夫妻的其中一方需要机构护理服务（后文依照文献传统将其简称为“机构配偶”）时，如果 Medicaid 继续对已婚夫妻采取相同的资产和收入检查，那么身体健康，仍然居住于社区家中的配偶（后文也依照文献传统将其简称为“社区配偶”）将无法维持正常的生活水平。因此，各州的 Medicaid 在联邦政府的指导下普遍施行了 spousal impoverishment protection（SIP）规则，放松了对已婚老人资产和收入的限制以避免社区配偶陷入贫困。

更具体的 SIP 规则如下：首先，社区配偶可以保留所有名下收入。并且，如果社区配偶的收入较低，那么还可以将部分或全部机构配偶的收入转至社区配偶名下，直到其收入达到 SIP 规则允许社区配偶保留的收入上限。2015 年各州 Medicaid 允许社区配偶保留的月收入从 1 991 美元到 2 980 美元不等。其次，Medicaid 允许社区配偶保留的金融资产也因州而异，但联邦设定了资产的上下限指导。2015 年的资产下限为 23 844 美元，上限为 119 220 美元（以下均为 2015 年金额）。在一些州，社区配偶被允许保留不超过 119 220 美元的金融资产（后文称为“慷慨的 SIP 规则”）。在另一些州，社区配偶可以保留夫妻共同资产的一半，且需要同时满足上下限要求（后文称为“吝啬的 SIP 规则”）。剩余少数州允许社区配偶保留的金融资产介于上述两种情况之间。

图 8－1 展示了不同 SIP 规则对已婚老人可保留资产的影响，其中横轴表示已婚夫妻的共同资产，纵轴表示 Medicaid 允许社区配偶保留的金融资产。当已婚夫妻其中一方需要使用长期护理服务时，健康的社区配偶在慷慨的 SIP 规则下可以保留已婚夫妻所有的共同资产，最高可达 119 220 美元，如图中位置较高的实线所示。超过此限额的所有金融资产必须首先用于支付机构配偶的长期护理服务费用。而在吝啬的 SIP 规

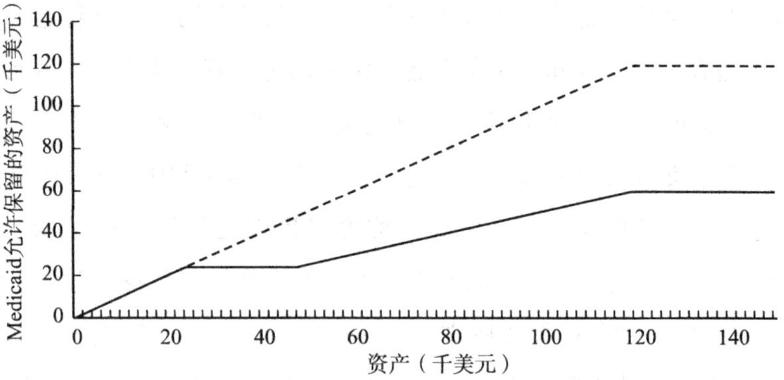

图 8－1　Medicaid 允许社区配偶保留的金融资产

注：根据 2015 年的资产上下限计算。
资料来源：作者计算。

则下，社区配偶必须使用119 220美元以上的所有资产，47 688—119 220美元的50%资产，以及23 844—47 688美元的所有资产支付机构配偶的长期护理服务费用，如图中位置较低的虚线所示。

最后值得提到的是，最新的SIP规则已经不再要求配偶一方必须使用机构护理服务。当夫妻其中一方使用家庭护理服务时，社区配偶也可以应用SIP规则保留更高的资产与收入。

第三节 动态优化模型

本节介绍已婚老人的最优长期护理保险购买决策模型。已婚夫妻在65岁时进入模型（夫妻年龄相同），此时他们已经退休。他们拥有给定的初始金融资产，同时拥有固定的实际年金收入[①]。已婚老人的目标是在满足预算约束的前提下最大化预期终生家庭总效用，其中，当夫妻在一起生活时，他们的消费会存在互补性，当夫妻一方在长期护理机构接受长期护理服务，另一方在社区家中生活时，双方消费的互补性消失。模型细致地刻画了Medicaid的SIP规则，已婚老人在决定是否购买长期护理保险时会考虑SIP规则所允许他们保留的资产和收入。本章将计算处于资产分布不同位置的已婚老人对典型长期护理保险合约的支付意愿。为比较已婚老人和单身老人对长期护理保险支付意愿的差异，模型设置了两种已婚老人的资产：第一种直接使用单身老人的资产分布，但是按照消费等价方式对资产进行调增；第二种利用health and retirement study（HRS）数据重新计算已婚老人的真实资产分布。

① Paschenko（2013）发现家庭的年金化资产与储蓄的比例会对老人的决策产生一定影响，但本章未过多考虑这个问题。

一、效用函数

老人在模型中的最大生存年龄 T 被设定为105岁。已婚家庭的预期终生效用方程为：

$$U = \sum_{t=65}^{T}\sum_{s_m=1}^{5}\sum_{s_f=1}^{5}\beta^{t-65}Q_{s_m,s_f,t}\,U_{s_m,s_f,t} \quad （式8-1）$$

其中，t 代表老人在 t 期的年龄，s_m 和 s_f 分别代表已婚家庭中丈夫和妻子的长期护理状态。如第三章所述，老人在每个月都可能处于以下五种长期护理状态之一：（1）居家，无需长期护理服务；（2）居家，需要家庭护理服务（home health care）；（3）需要居住在提供辅助生活设施的养老院（assisted living facilities）；（4）需要居住在提供必要医疗设施的护理院（nursing homes）；（5）已死亡。$Q_{s_m,s_f,t}$是 t 期丈夫和妻子分别处于长期护理状态 s_m 和 s_f 的概率。β 是时间贴现因子。与前几章一致，本章设定时间贴现率为3%。

效用方程的具体形式为常相对风险厌恶效用方程。已婚老人的家庭总效用为夫妻双方的效用之和：

$$U_{s_m,s_f,t} = \frac{(C^m_{s_m,s_f,t}+F_{s_m,t}+\lambda * I_{s_m,s_f,t} * (C^f_{s_m,s_f,t}+F_{s_f,t}))^{1-\gamma}}{1-\gamma} + \frac{(C^f_{s_m,s_f,t}+F_{s_f,t}+\lambda * I_{s_m,s_f,t} * (C^m_{s_m,s_f,t}+F_{s_m,t}))^{1-\gamma}}{1-\gamma} \quad （式8-2）$$

其中，上标 m 和 f 分别指代丈夫或妻子的信息。$C^m_{s_m,s_f,t}$和 $C^f_{s_m,s_f,t}$分别代表 t 期当夫妻双方分别处于 s_m 和 s_f 的长期护理状态时，丈夫和妻子的消费。$F_{s_m,t}$和 $F_{s_f,t}$分别代表当丈夫和妻子在长期护理机构接受长期护理服务时，长期护理机构所提供的食宿的消费价值。注意食宿已经包含在长期护理服务费用中，老人无须额外支付。$I_{s_m,s_f,t}$是一个虚拟指标。如果已婚夫妻双方处于相同的长期护理状态或居住在一起（夫妻双方均不需要长期护理服务，夫妻一方需要家庭护理服务，另一方不需要长期护理服务，夫妻双方同时需要家庭护理服务，或夫妻双方同时需要养老院服务，不包含夫妻双方同时需要护理院服务的情况），此虚拟指标的值为 1，否则，此虚拟指标的值取 0。如前所述，当夫妻居住在一起时，他们的消费具有互补性。参数 λ 刻画了夫妻消费互补的程度。本章参照 Brown 和 Poterba（2000）设定基准模型的 λ 为 0.5。最后，参数 γ 代表老人的风险厌恶程度。本章参照 Brown 和 Finkelstein（2008）设定基准模型的 γ 为 3。

家庭总效用最大化意味着夫妻双方消费的边际效用相等，因此如果夫妻双方均不在长期护理机构，则夫妻双方的消费相等，即 $C^m_{s_m,s_f,t} = C^f_{s_m,s_f,t}$。如果夫妻一方身体健康，另一方进入了长期护理机构接受长期护理服务，同时老人消费的边际效用不随长期护理状态变化，那么家庭总效用最大化要求 $C^m_{s_m,s_f,t} = C^f_{s_m,s_f,t} + F^f_{s_f t}$（假设妻子需要机构护理服务）。注意此时虽然 Medicaid 只允许机构配偶保留很少的资产和收入，但模型允许社区配偶从被 SIP 规则保护的资产和收入中支付机构配偶的消费。长期护理机构提供的食宿也会降低机构配偶所需的消费支出。本章参照 Brown 和 Finkelstein（2008）使用 2015 年的补充保障收入（supplemental security income，SSI）来估算长期护理机构为老人提供的食宿的消费价值。因此，单身老人的 F 类消费是 733 美元，已婚老人的 F 类消费为 1 100 美元的一半。

本章的基准模型假设消费的边际效用不随老人的长期护理状况变化，长期护理服务的质量不随老人的支付方式改变，同时老人没有遗赠动机。为验证结论的稳健性，本章针对已婚老人的效用方程进行了一系列的敏感性分析：（1）假设消费的边际效用随老人的长期护理状态变化[①]。稳定性检验假设如果老人在养老院或护理院接受长期护理服务，则他们消费的边际效用只有居家时（不需要长期护理服务或需要家庭护

① Finkelstein（2013）发现老人的边际消费效用随健康水平的下降而降低。De Nard 等（2011）也在结构模型中加入了偏好转移机制。

理服务）的一半，即 $U_{alf}=U_{nh}=0.5*U_s\ \forall s\neq alf,\ nh$。此时与基准模型不同，已婚夫妻的最优选择将不再是双方的消费相等。（2）假设老人存在遗赠动机。（3）假设老人支付的家庭护理服务费用等价于 F 类消费并产生效用，即 $F_{hhc,t}=X_{hhc,t}$。（4）假设当老人利用公共资源支付长期护理服务费用时，他们只能接受低质量的长期护理服务。更具体而言，他们的 F 类消费（家庭护理服务支出，养老院或护理院提供的食宿）将只有利用私人资源支付长期护理服务费用时的一半。

二、预算约束

已婚家庭面临的预算约束取决于夫妻双方的长期护理状态，以及是否正在使用 Medicaid 支付长期护理服务费用。当已婚老人没有使用 Medicaid 支付长期护理服务费用时，他们的预算约束如下：

$$W_{t+1}=(W_t+A_t^m+A_t^f-P_{s_m,t}^m-P_{s_f,t}^f-(M_{s_m,t}^m-\min(B_{s_m,t}^m,\ M_{s_m,t}^m))-(M_{s_f,t}^f-\min(B_{s_f,t}^f,\ M_{s_f,t}^f))-C_{s_m,s_f,t}^m-C_{s_m,s_f,t}^f)(1+R_f)$$

（式 8-3）

其中，W_t 是已婚老人在 t 期的资产。A_t^m 和 A_t^f 分别是夫妻双方在 t 期的实际年金收入，主要来源为社会保障养老金和企业年金。$P_{s_m,t}^m$ 和 $P_{s_f,t}^f$ 分别为夫妻双方在 t 期需要支付的长期护理保险保费。老人只有在购买了长期护理保险，且不需要长期护理服务时才需要支付保费。$M_{s_m,t}^m$ 和 $M_{s_f,t}^f$ 为夫妻双方在 t 期且处于长期护理状态组合 s_m 和 s_f 时分别需要支付的长期护理服务费用。$B_{s_m,t}^m$ 和 $B_{s_f,t}^f$ 分别是 t 期夫妻双方长期护理保险的理赔上限。t 期长期护理保险赔付的实际金额为理赔上限与实际长期护理服务费用中较低的金额。本章的长期护理服务费用来自 American Association for Long-Term Care Insurance（2014）。R_f 是无风险利率。与传统文献一致，本章将其设定为 3%。

当夫妻一方保持健康，另一方需要长期护理服务且正在利用 Medicaid 支付长期护理服务费用时，已婚夫妻面临的预算约束变为（注意 SIP 允许社区配偶保留更多的资产与收入）：

$$W_{t+1}=(\min(W_t,\ \underline{W_{S_m,S_f,t'}})+\min(A_t^m+A_t^f,\ \underline{A_{S_m,S_f,t}})-P_{s_m,t}^m - C_{s_m,s_f,t}^m - C_{s_m,s_f,t}^f)(1+R_f) \quad \text{（式 8-4）}$$

其中，$\underline{W_{S_m,S_f,t'}}$是 Medicaid 通过 SIP 规则允许已婚老人保留的资产，其与丈夫的长期护理状态、妻子的长期护理状态、机构配偶首次接受长期护理服务时已婚夫妻的共同资产（注意时间下标 t'）相关。$\underline{A_{S_m,S_f,t}}$是 Medicaid 通过 SIP 规则允许已婚老人保留的收入，其同样与夫妻双方的长期护理状态以及他们 t 期的收入相关。另外值得提到的是 SIP 规则因州而异，大多数州分别采取了慷慨的 SIP 规则或吝啬的 SIP 规则，另有少数州处于两者之间。Medicaid 通过 SIP 规则允许老人保留的资产和收入的表达式为：

$$\underline{W_{S_m,S_f,t'}}=\min\left(\min\left(W_{t'}-\underline{W},\ \max\left(SP_{W\_\min},\ \frac{1}{2}W_{t'}\right)\right),\ SP_{W\_\max}\right)+\underline{W} \quad \text{（式 8-5）}$$

$$\underline{A_{S_m,S_f,t}}=\max(\min(SP_A,\ A_t^m+A_t^f-\underline{A_{S_f}}),\ A_t^m)+\underline{A_{S_f}} \quad \text{（式 8-6）}$$

其中，$SP_{W_\min}$和$SP_{W_\max}$分别是吝啬的 SIP 规则下 Medicaid 允许社区配偶保留资产的上下限；SP_A 是 SIP 规则下 Medicaid 允许社区配偶保留收入的限制（详见第二节）。$\underline{W}$ 是 Medicaid 允许单身老人保留的资产，即 2 000 美元。$\underline{A_s}$是 Medicaid 允许单身老人保留的收入，其与老人的长期护理状态相关。当单身老人处于养老院或护理院时，他们每月可以保留 30 美元的收入。当单身老人居家接受家庭护理服务时，Medicaid 允许他们每月保留 733 美元收入以支付食宿消费需求。

此时，Medicaid 支付的金额为：

$$(M_{s_f,t}^f-\min(B_{s_f,t}^f,\ M_{s_f,t}^f))-\max(0,\ W_t-\underline{W_{S_m,S_f,t'}})-\max(0,\ A_t^m+A_t^f-\underline{A_{S_m,S_f,t}}) \quad \text{（式 8-7）}$$

当夫妻双方都需要长期护理服务且均满足 Medicaid 的资产和收入检查时，已婚老人的预算约束变为：

$$W_{t+1} = (\min(W_t, 2*\underline{W}) + \min(A_t^m, \underline{A_{S_m}}) + \min(A_t^f, \underline{A_{S_f}}) - C_{s_m,s_f,t}^m - C_{s_m,s_f,t}^f)(1+R_f) \quad (式8-8)$$

Medicaid 支付的金额为：

$$(M_{s_m,t}^m - \min(B_{s_m,t}^m, M_{s_m,t}^m)) + (M_{s_f,t}^f - \min(B_{s_f,t}^f, M_{s_f,t}^f)) - \max(0, W_t - 2*\underline{W}) - \max(0, A_t^m - \underline{A_{S_m}}) - \max(0, A_t^f - \underline{A_{S_f}}) \quad (式8-9)$$

当夫妻双方都需要长期护理服务且只有一方（假设为妻子）满足 Medicaid 的资产和收入检查时，已婚老人的预算约束变为：

$$W_{t+1} = (\min(W_t, \underline{W}) + A_t^m - (M_{s_m,t}^m - \min(B_{s_m,t}^m, M_{s_m,t}^m)) + \min(A_t^f, \underline{A_{S_f}}) - C_{s_m,s_f,t}^m - C_{s_m,s_f,t}^f)(1+R_f) \quad (式8-10)$$

Medicaid 支付的金额为：

$$(M_{s_f,t}^f - \min(B_{s_f,t}^f, M_{s_f,t}^f)) - \max(0, W_t - \underline{W}) - \max(0, A_t^f - \underline{A_{S_f}}) \quad (式8-11)$$

三、已婚老人对长期护理服务的需求

本章应用第三章估计的针对单身老人的长期护理状态转移矩阵来计算已婚老人对长期护理保险的需求。与在业界和学术界被广泛应用的 Robinson（2002）长期护理服务需求矩阵相比，第三章估计的新矩阵更新了最新的数据，考虑了老人使用长期护理服务的时间趋势，并且正确计算了老人使用长期护理服务的分布。Robinson（2002）则低估了老人使用护理院服务的概率，同时相应地高估了老人使用护理院服务的时间（条件均值）。当保留 Brown 和 Finkelstein（2008）模型中所有其他参数，仅替换使用新估计的长期护理状态转移矩阵来考察单身老人对长期护理保险的需求时，数值模拟显示，理论上应该购买长期护理保险的老人只有之前预测的大约一半（支付意愿大于0），这更接近利用 HRS 数据计算得到的长期护理保险覆盖率（详见第三章）。

利用以上长期护理服务需求矩阵计算已婚老人对长期护理保险的需求存在两个潜在问题：第一，长期护理状态的转移概率可能与老人的婚姻状态有关。现实中有可能出现的情况是身体健康的配偶可能跟随需要长期护理服务的配偶进入养老院生活，或者需要长期护理服务的配偶因为得到了健康配偶的照顾而没有使用正式的长期护理服务。但是，HRS数据的质量和估计的复杂性均导致本章无法重新估计已婚夫妻长期护理状态组合的转移概率。因此，本章假设每个配偶的长期护理转移概率都是独立的。第二个潜在问题是老人从护理院康复并返回社区居住的概率可能与老人在护理院接受长期护理服务的时间有关。理论上说，老人在护理院居住得越久，其返回社区居住的可能性就越小。但是，数据中老人的长期护理状态仅能每五年或两年观察到一次，导致本章也无法估计老人与接受长期护理服务时间相关的康复概率。因此，本章假设老人从护理院康复的概率与老人接受服务的时间无关。

四、长期护理保险条款

本章中已婚老人可以购买的是2015年的典型长期护理保险合约，具体的保险条款为：无理赔期限，日赔付上限165美元且包含5%通货膨胀保护（America's Health Insurance Plans，2012，本章根据2011—2015年的消费者价格指数调增了相应的金额）。本章仍然利用Brown和Finkelstein（2007）中汇报的保费赔付率计算老人需要支付的长期护理保险保费（具体计算方法见第六章）。根据Brown和Finkelstein（2007），男性和女性老人的长期护理保险赔付率分别是50%和106%。

五、已婚老人的资产

本章利用HRS数据计算了2000—2010年65岁已婚老人的家庭

总资产以及年金化资产占总资产的比例。老人的年金化资产包括社会保障养老金（包括配偶养老金与遗属养老金）和企业年金的预期现值。预期现值的计算利用了 Social Security Administration 发布的生命表，3%的实际利率和3%的通货膨胀率。老人的非年金化资产包括个人退休账户（individual retirement account，IRA）余额、401（k）账户余额，以及各类非养老金金融资产（股票、债券等）。与 Brown 和 Finkelstein（2008）一致，本章也没有在老人的金融资产中包括自住房产净值。换句话说，老人的房产在模型中无法用于消费或支付长期护理服务费用。

在已婚老人和单身老人资产分布的任意对应百分位上，已婚老人拥有的资产大约为单身老人的2—3倍。另外，计算发现已婚老人的年金化资产占总资产的比例非常高，仅总资产最高的10%已婚老人的年金化资产占比低于50%。作为对比，本章计算的单身老人的资产分布与 Brown 和 Finkelstein（2008）的非常相似。经过通货膨胀调整，两者只在一个维度存在显著差异，即本章计算的老人的年金化资产占比显著更高。在未报告的结果中，本章就这一差异进行了稳健性检验，数值模拟显示此差异对老人的长期护理保险支付意愿影响不大。

六、数值解方法

为求解本章模型中复杂的最优化问题，本章使用了与 Brown 和 Finkelstein（2008）一致的离散和插值算法以及逆向归纳法，从最后一期开始计算已婚夫妻自65岁进入模型后每个月根据双方的长期护理状态和家庭的资产数量所选择的最优消费路径。本章首先假设已婚夫妻均购买了长期护理保险，每期以市场价格或精算公平价格支付保费，并在需要长期护理服务时得到赔付。本章利用上述数值方法求解已婚老人的最优消费及资产消耗路径，并标注最高的预期终生效用。之后，本章假设老人无法再购买长期护理保险，因此他们不需要再支付长期护理保险的保费，但在需要长期护理服务时也不会得到赔付。本章重新计算已婚老人的最优消费和资产消耗路径以及预期终生效用。最后，本章计算无法购买长期护理保险的老人在65岁时需要获得的现金数量，使他们的预期终生效用与购买了长期护理保险的老人的标注预期终生效用相等。此现金数量即为老人对长期护理保险的支付意愿。如果支付意愿为正，则老人理论上应该购买长期护理保险。如果支付意愿为负，则意味着老人愿意付出一定代价，来摆脱购买长期护理保险的责任，此时他们的最优选择是不购买长期护理保险。

第四节 数值模拟结果

本章计算了各种不同情况下（已婚老人在不同假设条件下以市场价格或精算公平价格购买长期护理保险）位于资产分布不同位置的已婚夫妻对长期护理保险的支付意愿，以及他们的最优消费路径。本章考察的重点是已婚老人与单身老人对长期护理保险的需求是否存在差异以及其影响渠道。通过假设已婚老人持有与单身老人相同的资产（以消费等价方式调增），并假设老人无法利用 spousal impoverishment protection（SIP）规则保留更多的资产和收入，本章考察了已婚家庭内部的风险分担如何影响已婚老人对长期护理保险需求。另外，本章展示了已婚夫妻所拥有的显著高于单身老人的资产对其长期护理保险购买决策的影响。最后，本章还考察了不同水平的 SIP 规则（吝啬的 SIP 规则和慷慨的 SIP 规则）如何对老人的长期护理保险购买决策造成影响。

在结果部分，本章首先报告不同情况下处于资产分布不同位置的老人对长期护理保险的支付意愿。其次，为了更清楚地理解是哪些因素导致支付意愿存在差异，本章报告了不同情况的 Medicaid 隐性税以及保险的净附加费率。Medicaid 隐性税展示了商业长期护理保险每赔付 1 美元，Medicaid 将少为老人支付多少长期护理服务费用。长期护理保险的净附加费率则展示了 Medicaid 支付费用的变化对保险赔付率的影响。再次，本章报告了 Medicaid 为已婚老人支付的长期护理服务费用占总长期护理服务费用的比例。最后，为了检验本章的结论是否稳健，本章还进行了一系列的敏感性分析，包括假设已婚老人存在遗赠动机、假设老人支付的家庭护理服务费用会产生一定的效用、假设长期护理服务的质量随支付方式的不同而存在差异等。

一、对长期护理保险的支付意愿

图 8-2A 和图 8-2B 展示了处于资产百分位不同位置的老人对以市场价格出售的典型长期护理保险合约（无理赔期限，日赔付上限 165 美元，5% 通货膨胀保护）的支付意愿，其中图 8-2A 展示了三类老人的支付意愿：（1）男性单身老人。（2）女性单身老人。（3）已婚老人，资产由单身老人的资产按消费等价方式调增得到且无法利用 Medicaid 的 SIP 保留更多的资产和收入；图 8-2B 同样展示了三类老人的支付意愿。（4）已婚老人，拥有利用 HRS 数据计算得到的已婚老人的实际资产，无法利用 Medicaid 的 SIP 规则保留更多的资产和收入。（5）已婚老人，拥有利用 HRS 数据计算得到的已婚老人的实际资产，可以使用吝啬的 SIP 规则为社区配偶保留更多的资产和收入（社区配偶每月可以保留不超过 1 991 美元的收入和一定数量的资产，下限为 23 844 美元，上限为 119 220 美元，详见第二节）。（6）已婚老人，拥有利用 HRS 数据计算得到的已婚老人的实际资产，可以使用慷慨的 SIP 规则为社区配偶保留更多的资产和收入（社区配偶每月可以保留不超过 2 980 美元的收入和不超过 119 220 美元的资产）。注意当已婚老人愿意放弃所有资产以避免购买长期护理保险时，图中未展示其支付意愿。

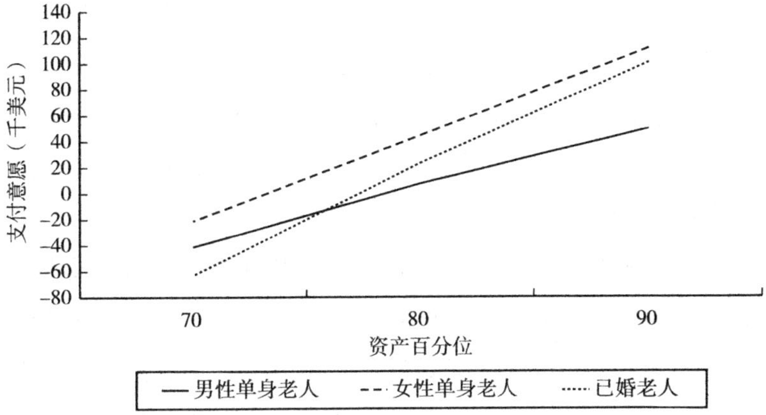

图 8－2A　不同类型老人对典型长期护理保险合约的支付意愿

注：已婚老人的资产由单身老人的资产按消费等价方式调增得到，同时已婚老人无法利用 Medicaid 的 SIP 规则保留更多的资产和收入。保险合约为市场定价的典型长期护理保险合约。

资料来源：作者计算。

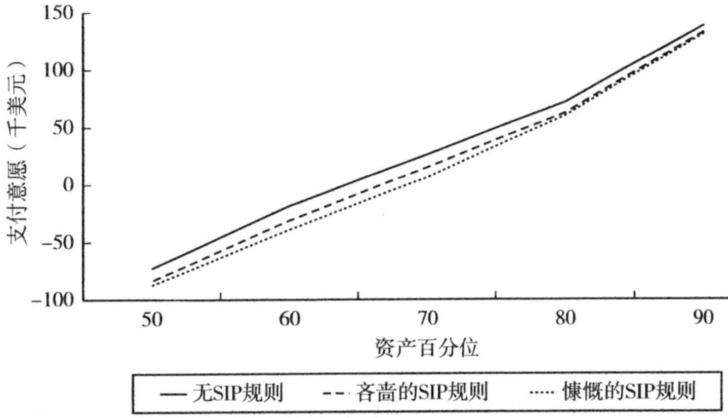

图 8－2B　实施不同 SIP 规则时已婚老人对市场定价的典型长期护理保险合约的支付意愿

注：已婚老人的资产由 HRS 数据计算得到。保险合约为市场定价的典型长期护理保险合约。

资料来源：作者计算。

如图 8－2A 所示，处于资产百分位第 77 位及以上的男性单身老人和第 73 位及以上的女性单身老人对以市场价格出售的典型长期护理保险合约的支付意愿为正。类似地，在无法利用 SIP 规则保护资产和收入的情况下，25%（资产百分位第 76 位及以上）拥有单身老人资产的已婚老人（按消费等价方式调增）愿意以市场价格购买典型长期护理保险合约。这些非常类似的百分位说明以下两种反向影响已婚家庭长期护理保险支付意愿的效果被互相抵消了：第一，已婚夫妻受益于家庭内部的风险分担机制，这将降低已婚老人对长期护理保险的支付意愿；第二，已婚夫妻会担心自身的长期护理服务费用快速消耗夫妻的共同财产，从而导致健康的社区配偶陷入贫困，这将增加已婚老人对长期护理保险的需求。本章的模型无法分离这两种效果。另外，从图中可以发现，当资产水平较低时，已婚老人的支付意愿要远低于单身老人，这可能在很大程度上反映了家庭规模的影响。已婚夫妻对长期护理保险的支付意愿等于男性单身老人的支付意愿与女性单身老人的支付意愿之和（均为负）。

图 8-2B 显示，当资产分布为利用 HRS 数据计算的已婚老人的实际资产分布时，已婚老人对以市场价格出售的典型长期护理保险合约的支付意愿显著提高。但是与预期不同的是，不同的 SIP 规则对已婚老人的长期护理保险支付意愿影响不大。资产百分位第 62 位及以上的已婚老人在无法利用 SIP 规则保护资产和收入的情况下对典型长期护理保险合约的支付意愿为正，资产百分位第 65 位及以上的老人在州政府实施吝啬的 SIP 规则时愿意购买长期护理保险，资产百分位第 66 位及以上的老人在州政府实施慷慨的 SIP 规则时愿意购买长期护理保险。通过分析老人的长期护理服务需求可以发现，形成这种情况的原因在于：当大多数老人需要机构护理服务时，他们的配偶已经死亡（男性单身老人首次利用护理院服务的平均年龄是 82 岁，女性单身老人首次利用护理院服务的平均年龄是 84 岁）。此时他们处于单身状态，因此他们面对的是 Medicaid 针对单身老人的资产和收入检查，SIP 规则并不能保障他们的资产安全。总起来说，数值模拟的结果表明由于已婚夫妻拥有更多的资产，因此他们比单身老人更重视长期护理保险对

资产的保障功能。

图 8－3 展示了当实施不同的 SIP 规则时，处于资产百分位不同位置的已婚老人对以精算公平价格出售的相同保单的支付意愿。资产分布仍然为利用 HRS 数据计算的已婚老人的实际资产分布。在无法利用 SIP 规则保护资产和收入的情况下，资产百分位第 50 位及以上的已婚老人愿意购买精算公平定价的典型长期护理保险合约。当州政府施行吝啬的 SIP 规则时，资产百分位第 51 位及以上的已婚老人对长期护理保险的支付意愿为正。当州政府施行慷慨的 SIP 规则时，资产百分位第 53 位及以上的已婚老人对长期护理保险的支付意愿为正。因此，保险价格的变化会显著影响已婚老人对长期护理保险的需求。

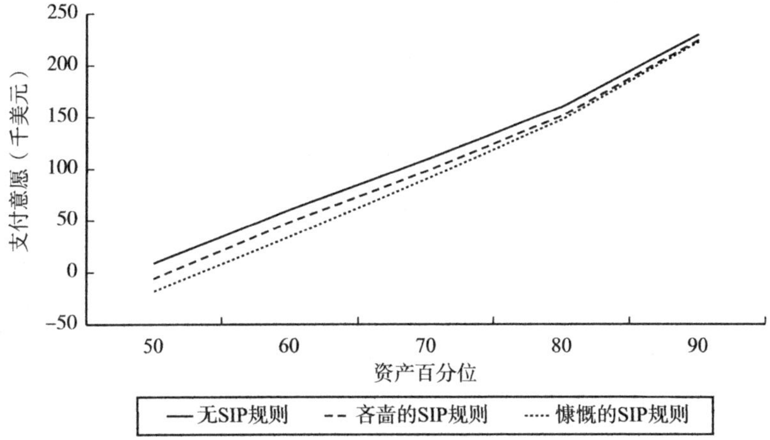

图 8－3　实施不同 SIP 规则时已婚老人对精算公平价格的典型长期护理保险合约的支付意愿

注：已婚老人的资产由 HRS 数据计算得到。保险合约为精算公平定价的典型长期护理保险合约。

资料来源：作者计算。

二、Medicaid 隐性税

文献发现，Medicaid 的挤出效应是很多老人不愿意购买商业长期护理保险的主要原因。本章通过比较在不同类型的老人购买和未购买长期护理保险的情况下 Medicaid 预期为其支付的长期护理服务费用现值的差来考察此因素的影响。与 Brown 和 Finkelstein（2008）一致，本章将长期护理保险的 Medicaid 隐性税定义为：$\frac{\Delta EPDV(\text{Medicaid 支出})}{EPDV(\text{保险理赔金额})}$，即因购买长期护理保险而导致的 Medicaid 为老人支付的长期护理服务费用预期现值的变化，除以长期护理保险总理赔额的预期现值。Medicaid 隐性税率较高意味着长期护理保险更多的是替代 Medicaid 支付老人的长期护理服务费用，而不是减少老人自费支付的部分。

表 8 - 1 报告了不同类型和拥有不同资产的老人的 Medicaid 隐性税。老人的类型包括男性单身老人、女性单身老人、拥有单身老人资产水平（按消费等价方式调增）的已婚老人，以及拥有实际已婚老人资产的已婚老人分别面临无 SIP 规则、吝啬的 SIP 规则和慷慨的 SIP 规则的情况。可以发现低资产的老人面临非常高的 Medicaid 隐性税。这是因为在没有购买长期护理保险的情况下，Medicaid 将支付他们几乎所有的长期护理服务费用。当资产较高时，单身老人的隐性税相对更低。这是由于他们通过 Medicaid 资产和收入检查的机会不大，因此 Medicaid 为他们支付的长期护理服务费用较少。在无法利用 SIP 规则保护资产和收入的情况下，处于单身老人消费等价资产水平的已婚老人面临与单身老人类似的 Medicaid 隐性税。但是，即使考虑到家庭规模的差异，已婚老人还是拥有远高于单身老人的资产，更多的资产减少了已婚夫妻的 Medicaid 隐性税。例如，处于已婚老人实际资产分布百分位第 80 位的已婚夫妻在无法利用 SIP 规则保护社区配偶资产和收入的情况下，面临着 18.5% 的 Medicaid 隐性税。与之相比，处于单身老人消费等价资产分布百分位第 80 位的已婚老人面临的 Medicaid 隐性税为 33.8%。

表 8-1 Medicaid 隐性税

资产百分比	单身男性	单身女性	已婚老人			
			单身老人消费等价资产	已婚老人资产		
			无 SIP 规则	无 SIP 规则	吝啬的 SIP 规则	慷慨的 SIP 规则
20 分位	0.951	0.965	0.962	0.910	0.938	0.940
30 分位	0.916	0.939	0.941	0.863	0.894	0.907
40 分位	0.889	0.909	0.919	0.800	0.817	0.860
50 分位	0.865	0.876	0.893	0.670	0.724	0.788
60 分位	0.810	0.818	0.832	0.479	0.564	0.615
70 分位	0.714	0.686	0.645	0.313	0.378	0.454
80 分位	0.413	0.455	0.338	0.185	0.230	0.251
90 分位	0.235	0.230	0.124	0.076	0.086	0.092

资料来源：作者计算。

Medicaid 的 SIP 规则增加了已婚老人的 Medicaid 隐性税。这是因为受 SIP 保护的已婚老人更有可能满足 Medicaid 的条件，因此，Medicaid 理论上将为他们支付更多的长期护理服务费用。但是，Medicaid 的 SIP 规则总体来说对隐性税的影响不大。举例来说，处于已婚老人资产分布百分位第 80 位的已婚老人的 Medicaid 隐性税在实施吝啬的 SIP 规则的州为 23.0%，在实施慷慨的 SIP 规则的州则上升至 25.1%。

三、净保险附加费率

保险附加费率 $\left(1-\frac{EPDV(\text{理赔额})}{EPDV(\text{保费})}\right)$ 反映了保险合约未来所需支付保费的预期现值和理赔额预期现值之间的关系。当保险附加费率为0时，保险合约的定价从精算的角度来看是公平的。当保险附加费率小于0时，保险合约的定价对老人来说比精算公平更合算，反之则为非精算公平。净保险附加费率则额外取决于Medicaid挤占老人保险赔付的金额，其表达式为：$1-\frac{EPDV(\text{保险理赔额})-\Delta EPDV(\text{Medicaid 支出})}{EPV(\text{保费})}$。它从保险合约理赔额的预期现值中减去了因购买长期护理保险而导致的Medicaid为老人支付的长期护理服务费用预期现值的变化。一般情况下，净保险附加费率会比保险附加费率更高，这是因为商业长期护理保险的赔付挤出了部分Medicaid福利。此定义与Brown和Finkelstein（2008）中的定义一致。

表8-2报告了不同类型和拥有不同资产的老人的净保险附加费率。表8-2考察的家庭种类与表8-1相同。可以发现，当老人的资产较低时，所有类型老人的净保险附加费率都非常相似。这是因为Medicaid为这些老人支付了绝大部分的长期护理服务费用。当老人购买了长期护理保险后，保险的赔付主要被用于替代Medicaid支出。当老人的资产较高时，单身老人的净保险附加费率显著降低，这反映了Medicaid为他们支付的长期护服务费用显著下降。同时，由于不同性别老人的保费相同，但女性利用长期护理服务的概率与时间均高于男性，因此单身女性老人的净保险附加费率比单身男性老人更高。例如，处于单身老人资产百分位第80位的单身男性老人的净保险附加费率为0.546，而单身女性老人的净保险附加费率为0.769。当已婚老人的资产与单身老人相同（按消费等价方式调增），且无法利用SIP规则保护资产和收入时，他们的净保险附加费率为0.588，高于单身男性老人的净保险附加费率，但低于单身女性老人的净保险附加费率。当利用已婚老人实际的资产分布进行计算时，如前所述，他们的资产要显著高于位于资产分布相同百分位的单身老人，这显著减少了他们的净保险附加费率。当处于已婚老人资产百分位第80位的已婚夫妻分别处于无SIP规则、吝啬的SIP规则和慷慨

的SIP规则环境时，他们的净保险附加费率分别为0.492、0.521和0.534，即SIP规则仅会小幅影响已婚老人的净保险附加费率。

表8-2　　　　净保险附加费率

资产百分比	单身男性	单身女性	已婚老人			
			单身老人消费等价资产	已婚老人资产		
			无SIP规则	无SIP规则	吝啬的SIP规则	慷慨的SIP规则
20分位	0.981	0.971	0.976	0.944	0.961	0.962
30分位	0.967	0.949	0.963	0.915	0.934	0.942
40分位	0.956	0.924	0.950	0.875	0.886	0.913
50分位	0.947	0.896	0.934	0.795	0.828	0.868
60分位	0.925	0.848	0.895	0.676	0.729	0.761
70分位	0.887	0.738	0.779	0.573	0.613	0.660
80分位	0.769	0.546	0.588	0.492	0.521	0.534
90分位	0.699	0.357	0.455	0.425	0.431	0.435

资料来源：作者计算。

四、Medicaid支付的长期护理服务费用占总长期护理服务费用的比例

表8-3报告了Medicaid为不同类型和拥有不同资产的老人支付的长期护理服务费用占他们总长期护理服务费用的比例，其中表的上半部分展示了当老人未购买长期护理保险时Medicaid的支付比例，表的下半部分展示了当老人购买了长期护理保险后Medicaid的支付比例。当老人未购买长期护理保险且资产较低时，Medicaid将支付所有类型老人绝大部分的长期护理服务费用。如果拥有单身老人消费等价资产水平的已婚老人未购买长期护理保险，那么Medicaid为他们支付的长期护理服务费

用的比例与为未购买长期护理保险的单身老人大体相当。按照已婚老人的实际资产分布计算，如果已婚老人未购买长期护理保险，也无法受到SIP规则保护，Medicaid的支付比例会比上述已婚夫妻（单身老人消费等价资产）显著降低。这是因为已婚老人拥有更高的资产，因此，利用Medicaid支付长期护理服务费用的概率更低。不同的SIP规则（吝啬的SIP规则或慷慨的SIP规则）会提升Medicaid的支付比例。当不同类型、不同资产的老人购买了典型长期护理保险合约时，Medicaid为他们支付的长期护理服务费用的比例显著下降，对大部分家庭类型都已经降至接近0的水平。这说明拥有通货膨胀保护的典型长期护理保险合约的资产保障效果非常好。

表8-3　Medicaid支付的长期护理服务费用占总长期护理服务费用的比例

资产百分比	单身男性	单身女性	已婚老人			
			单身老人消费等价资产	已婚老人资产		
			无SIP规则	无SIP规则	吝啬的SIP规则	慷慨的SIP规则
未购买长期护理保险						
20分位	0.888	0.915	0.909	0.823	0.866	0.869
30分位	0.840	0.878	0.875	0.769	0.810	0.833
40分位	0.795	0.834	0.839	0.711	0.732	0.790
50分位	0.757	0.787	0.799	0.594	0.646	0.722
60分位	0.706	0.724	0.741	0.424	0.500	0.554
70分位	0.623	0.607	0.572	0.276	0.335	0.407
80分位	0.360	0.403	0.298	0.163	0.203	0.226
90分位	0.205	0.204	0.110	0.067	0.076	0.081

续表

资产百分比	单身男性	单身女性	已婚老人			
			单身老人消费等价资产	已婚老人资产		
			无 SIP 规则	无 SIP 规则	吝啬的 SIP 规则	慷慨的 SIP 规则
购买了长期护理保险						
20 分位	0.059	0.060	0.061	0.021	0.039	0.041
30 分位	0.041	0.047	0.046	0.009	0.022	0.034
40 分位	0.020	0.030	0.029	0.006	0.012	0.032
50 分位	0.002	0.012	0.012	0.004	0.008	0.027
60 分位	0.000	0.000	0.007	0.002	0.003	0.012
70 分位	0.000	0.000	0.003	0.000	0.001	0.007
80 分位	0.000	0.000	0.000	0.000	0.000	0.005
90 分位	0.000	0.000	0.000	0.000	0.000	0.000

资料来源：作者计算。

五、最优资产消费路径

除了会挤出商业长期护理保险，Medicaid 也会影响老人的最优消费路径。老人可能会为了满足 Medicaid 的资产检查而增加消费，从而加速消耗资产（至少有动机会对超过 SIP 规则保护的资产这样做）。图 8－4 展示了处于各自资产百分位第 80 位的不同类型老人（男性单身老人、女性单身老人、不受 SIP 规则保护的已婚老人、受吝啬的 SIP 规则保护的已婚老人和受慷慨的 SIP 规则保护的已婚老人）的最优资产消耗路径。这些老人的最优决策都是不购买长期护理保险，因此图中展示的都是当老人没有购买长期护理保险，同时一直保持身体健康，不需要长期护理服务时的资产消耗路径。可以发现，由于女性单身老人的预期寿命更长，因此他们消耗资产的速度比男性单身老人更慢。另外，当所在州施行的是慷慨的SIP规则时，已婚老人消耗资产的速度最快。这是因为在这种情况下Medicaid对资产的保障程度最高，同时Medicaid隐性税也最高。当老人无法利用SIP规则保护社区配偶的资产和收入时，已婚老人消耗资产的速度最慢。当所在州施行的是吝啬的SIP规则时，老人消费以及消耗资产的速度都处于中间水平。

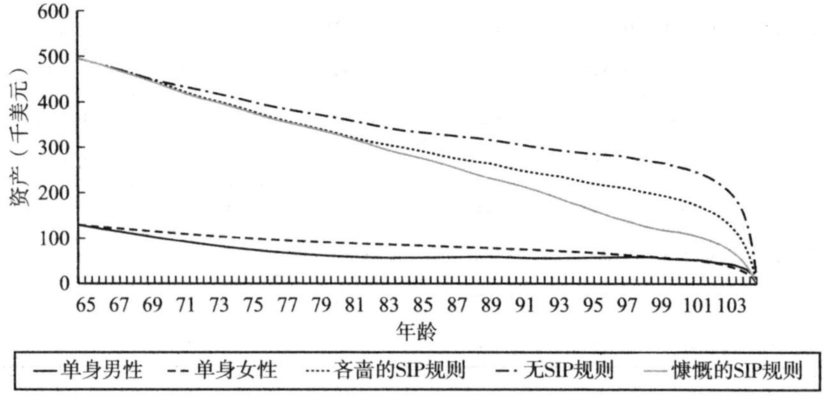

图8-4　处于资产百分位第80位的不同类型老人的最优资产消耗路径

注：计算假设老人始终维持健康，不需要长期护理服务的状态。
资料来源：作者计算。

图8-5展示了购买了长期护理保险的不同类型的已婚老人的最优资产消耗路径与上述未购买长期护理保险的对应类型的已婚老人的最优资产消耗路径的差异。理论上，购买长期护理保险对消费和资产消耗的影响是不明确的。一方面，购买了长期护理保险的已婚老人不再需要进行预防性储蓄，因此他们可能会增加消费并更快地消耗资产。另一方面，购买了长期护理保险的已婚老人不再需要快速消耗资产以满足Medicaid的资产检查，从而可能导致他们降低消费并减速消耗资产。图中的最优资产消耗路径显示购买了长期护理保险的已婚老人消耗资产的速度要远高于对应的未购买长期护理保险的已婚家庭，这说明减少预防性储蓄的因素占据了主导地位。

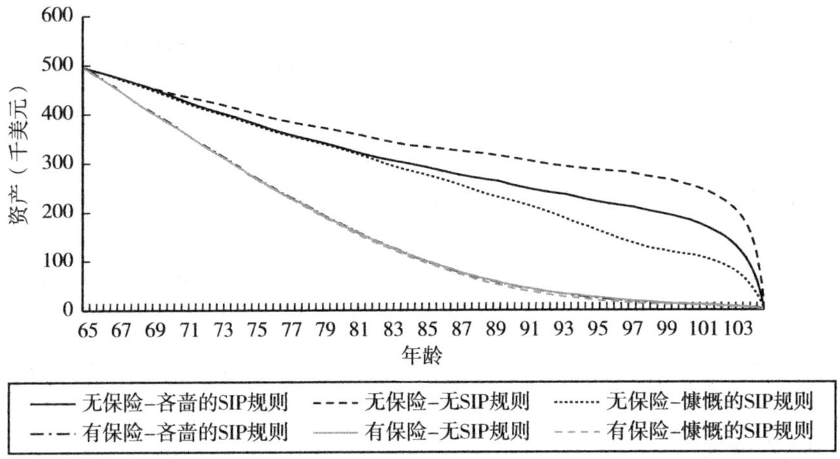

图8－5　处于资产百分位第80位的不同类型已婚老人的最优资产消耗路径

注：计算假设老人始终维持健康，不需要长期护理服务的状态。
资料来源：作者计算。

六、敏感性分析

本部分分析结果对家庭偏好、长期护理服务效用、长期护理服务质量、长期护理服务费用等假设的稳健性。表8－4集中汇报了所有敏感性分析的结果。

表8－4　　敏感性分析结果

	资产百分位				
	50分位	60分位	70分位	80分位	90分位
	基准模型				
无SIP规则	－$72.784	－$18.641	$26.053	$71.447	$138.152
吝啬的SIP规则	－83.643	－31.314	14.871	62.175	132.478
慷慨的SIP规则	－87.439	－39.264	6.231	59.739	130.975

续表

	资产百分位				
	50 分位	60 分位	70 分位	80 分位	90 分位
	lambda = 0				
无 SIP 规则	-96.474	-66.534	-26.573	20.957	91.779
吝啬的 SIP 规则	-99.645	-72.331	-37.546	6.998	80.55
慷慨的 SIP 规则	-103.682	-76.462	-44.72	-1.034	75.668
	lambda = 1				
无 SIP 规则	-28.927	26.365	68.525	111.747	173.801
吝啬的 SIP 规则	-41.977	15.919	60.357	106.427	170.6
慷慨的 SIP 规则	-52.522	4.791	58.329	105.728	169.81
	存在遗赠动机				
无 SIP 规则	-57.602	-3.101	42.008	87.51	153.683
吝啬的 SIP 规则	-70.127	-14.821	30.88	78.779	148.471
慷慨的 SIP 规则	-74.143	-24.546	23.442	76.638	147.131
	家庭护理服务（HHC）费用产生效用				
无 SIP 规则	-71.522	-13.044	31.37	74.878	135.723
吝啬的 SIP 规则	-81.292	-26.206	20.453	65.848	130.346
慷慨的 SIP 规则	-85.207	-33.352	11.7	63.625	128.92
	HHC 费用产生效用同时 HHC 存在质量差异				
无 SIP 规则	-70.121	-12.739	31.565	75.052	135.876
吝啬的 SIP 规则	-79.718	-25.171	20.773	66.074	130.508
慷慨的 SIP 规则	-83.585	-31.768	12.623	63.927	129.097
	HHC 费用产生效用同时所有类型长期护理服务存在质量差异				
无 SIP 规则	39.546	96.623	138.018	179.894	231.674
吝啬的 SIP 规则	29.204	87.274	132.297	175.926	229.181
慷慨的 SIP 规则	17.25	83.436	130.912	175.365	227.985
	更高的家庭护理服务费用				
无 SIP 规则	-63.671	-8.685	34.495	78.345	145.035
吝啬的 SIP 规则	-77.908	-20.96	22.644	69.391	139.345
慷慨的 SIP 规则	-81.819	-33.05	13.156	66.85	137.768

资料来源：作者计算。

相对于基准模型（消费互补性参数 λ 为 0.5），已婚老人对长期护理保险的支付意愿在 λ 等于 0 时较低，在 λ 等于 1 时较高。当 lambda 更高时，已婚老人消费变低，消耗资产的速度变慢，从而会面临较低的 Medicaid 隐性税。

Brown 和 Finkelstein（2004）的研究发现，在模型中加入遗赠动机几乎不会影响资产处于中位数位置的单身老人对长期护理保险的支付意愿。与之不同，本章发现在模型中加入遗赠动机会使已婚老人对长期护理保险的支付意愿产生温和但统计显著的变化。在未汇报的结果中，本章尝试复制了 Brown 和 Finkelstein（2004）的结果。数值模拟显示在给定和 Brown 和 Finkelstein（2004）模型中完全相同的参数后，遗赠动机虽然不会影响拥有中位数资产的单身老人对长期护理保险的支付意愿，但会对高资产老人产生与本章发现相同的影响。总体来说，结果对参数的取值比较敏感。当利用本章的参数进行计算时，单身老人的支付意愿在加入遗赠动机后也会温和上升。

假设老人支付的家庭护理服务费用会产生效用，基本不会对已婚老人的支付意愿产生影响。类似的，假设家庭护理服务的质量存在差异（当老人使用公共健康保险支付长期护理服务费用时，长期护理服务的质量会比较低。当老人使用私人资源支付长期护理服务费用时，会得到质量更高的长期护理服务。详见第四章）也对最后的结果影响不大。但是，当假设所有类型的长期护理服务（家庭护理服务、养老院服务和护理院服务）都存在质量差异时，已婚老人对长期护理保险的支付意愿显著增加。数值模拟显示，超过一半的已婚家庭在这种假设下对长期护理保险的支付意愿都为正。此发现再一次与 Brown 和 Finkelstein（2004）的研究结果存在差异。Brown 和 Finkelstein（2004）发现 Medicaid 厌恶（老人对支付方式的偏好，效果基本等价于差异化的长期护理服务质量）不会显著影响单身老人对长期护理保险的支付意愿。利用他们模型中的参数，本章仍然可以复制 Brown 和 Finkelstein（2004）的结果。数值模拟显示结果产生差异的主要原因在于，典型长期护理保险合约条款随时间发生了变化。早期的长期护理保险合约一般都不含通货膨胀保护条款，保险合约的日赔付上限是名义固定的，这导致长期护理保险对老人资产的保障程度较低，因此 Medicaid 厌恶假设对单身老人的支付意愿影响不大。如果假设 Brown 和 Finkelstein（2004）的长期护理保险合约也包含通货膨胀保护，那么引入 Medicaid 厌恶将导致单身老人对长期护理保险的支付意愿显著上升，这与本章的结果一致。

在 Robinson（2002）利用 National Long – Term Care Survey（NLTCS）估计的长期护理服务需求矩阵中，老人利用家庭护理服务的平均时间不长。虽然第三章利用最新的 HRS 数据对 Robinson（2002）中的长期护理状态转移概率作出了修正，但是 HRS 中并没有可靠的数据来更新 Robinson（2002）中老人利用家庭护理服务的时间。本章验证了家庭护理服务需求的增加对已婚家庭长期护理保险支付意愿的影响。数值模拟的结果显示当老人需要更多的家庭护理服务时，他们对长期护理保险的支付意愿也将温和上升。

第五节　结　　论

本章尝试考察 Medicaid 是否挤出了已婚老人对商业长期护理保险的需求。文献已经利用各种方法证明，除资产最高的单身老人之外，Medicaid 的存在导致绝大多数单身老人都不应该购买长期护理保险。但与单身老人相比，已婚老人在决定是否要购买长期护理保险时面临着更复杂的机制。已婚夫妻可以共同承担由长期护理服务费用所引起的家庭财务风险，但他们也会担心自己未来需要支付的长期护理服务费用可能会使健康的另一半面临经济困难。已婚老人的资产远高于处于对应资产分布百分位的单身老人，但 Medicaid 也为已婚老人提供了更高的资产和收入保障。

本章将所有这些可能影响已婚老人长期护理保险需求的因素纳入一个动态优化模型进行考察，数值模拟的结果显示，已婚老人对长期护理保险的估值与拥有同等资产水平（从消费等价的角度衡量）的单身老人相似，这反映出两种反向影响已婚老人支付意愿的效果可能互相抵消了（家庭内部风险共担与对健康配偶造成经济负担的风险）。另外，本章发现 Medicaid 的 SIP 规则只微弱降低了已婚老人对长期护理保险的支付意愿，这是因为老人对护理院服务的需求大多发生在配偶离世之后。综合来看，财富效应占据主导地位。由于已婚老人的实际资产远高于单身老人，因此，理论上会有更高比例的已婚老人购买长期护理保险。

参考文献

[1] 中国保险行业协会和瑞士再保险研究院.2022.《中国商业护理保险发展机遇－中国城镇地区长期护理服务保障研究》. 网址：https：//www. swissre. com/institute/dam/jcr：8b9ba881 －577c －4b4b －95bb －15f72b67293d/2022 －09 －sri －expertise －publication －long －term －care －insurance －china. pdf.

[2] AARP Public Policy Institute. 2010. "Access to Long －Term Services and Supports：A 50 －State Survey of Medicaid Financial Eligibility Standards." Available at：https：//assets. aarp. org/rgcenter/ppi/ltc/i44 －access －ltss_revised. pdf.

[3] America's Health Insurance Plans. 2007. "Long －Term Care Insurance Partnerships：New Choices for Consumers －Potential Savings for Federal and State Government." Available at：http：//www. ahip. org/Savings －from －Expanded －Long －Term －Care －Partnerships.

[4] America's Health Insurance Plans. 2012. "Who Buys Long －Term Care Insurance in 2010 －2011？A Twenty －Year Study of Buyers and Non －Buyers（in the Individual Market）." Available at：https：//ltcinsurancece. com/wp －content/uploads/2015/07/Who －Buys －LTC －Insurance －2010 －2011. pdf.

[5] American Association for Long －Term Care Insurance. 2014. *The 2014 Long －Term Care Insurance Sourcebook*. American Association for Long －Term Care Insurance.

[6] Ameriks, John, Joseph Briggs, Andrew Caplin, Matthew Shapiro, and Christopher Tonetti. 2020. "Long – Term Care Utility and Late – in – Life Saving." *Journal of Political Economy* 128 (6): 2375 – 2451.

[7] Ameriks, John, Andrew Caplin, Steven Laufer, and Stijn Van Nieuwerburgh. 2011. "The Joy of Giving or Assisted Living? Using Strategic Surveys to Separate Public Care Aversion from Bequest Motives." *Journal of Finance* 55 (2): 519 – 561.

[8] Arling, Greg, Shelley Hagan, and Harald Buhaug. 1992. "The Feasibility of a Public – Private Long – Term Care Financing Plan." *Medical Care* 30: 699 – 717.

[9] Brown, Jeffrey R., Norma B. Coe, and Amy Finkelstein. 2007. "Medicaid Crowd – Out of Private Long – Term Care Insurance Demand: Evidence from the Health and Retirement Survey." *Tax Policy and the Economy* 21: 1 – 34.

[10] Brown, Jeffrey R., and Amy Finkelstein. 2004. "The Interaction of Public and Private Insurance: Medicaid and the Long – Term Care Insurance Market." National Bureau of Economic Research Working Paper No. 10989.

[11] Brown, Jeffrey R., and Amy Finkelstein. 2007. "Why Is the Market for Long – Term Care Insurance So Small?" *Journal of Public Economics* 91: 1967 – 1991.

[12] Brown, Jeffrey R., and Amy Finkelstein. 2008. "The Interaction of Public and Private Insurance: Medicaid and the Long – Term Care Insurance Market." *American Economic Review* 98 (3): 1083 – 1102.

[13] Brown, Jeffrey R., and Amy Finkelstein. 2009. "The Private Market for Long – Term Care Insurance in the United States: A Review of the Evidence." *Journal of Risk and Insurance* 76 (1): 5 – 29.

[14] Brown, Jeffrey R., Gopi Shah Goda, and Kathleen McGarry.

2012. "Long - Term Care Insurance Demand Limited by Beliefs About Needs, Concern about Insurers, and Care Available from Family." *Health Affairs* 31 (6): 1294 - 1302.

[15] Brown, Jeffrey R., Gopi Shah Goda, and Kathleen McGarry. 2016. "Heterogeneity in State - Dependent Utility: Evidence from Strategic Surveys." *Economic Inquiry* 54 (2): 847 - 861.

[16] Brown, Jeffrey R., and James M. Poterba. 2000. "Joint Life Annuities and Annuity Demand by Married Couples." *Journal of Risk and Insurance* 67 (4): 527 - 553.

[17] Browne, Mark J. 2006. "Adverse selection in the Long - Term Care Insurance Market." In *Competitive Failures in Insurance Markets: Theory and Policy Implications* 97 - 112. Cambridge MA: MIT Press.

[18] Byrne, David, Michelle Goeree, Bridget Hiedemann, and Steven Stern. 2009. "Formal Home Health Care, Informal Care, and Family Decision - Making." *International Economic Review* 50 (4): 1205 - 1242.

[19] Centers for Medicare and Medicaid Services. 2013. "National Health Expenditure Projections 2012 - 2022." Available at: http://www.cms.gov/Research - Statistics - Data - and - Systems/Statistics - Trends - and - Reports/NationalHealthExpendData/downloads/proj2012.pdf.

[20] Chetty, Raj. 2006. "A New Method of Estimating Risk Aversion." *American Economic Review* 96 (5): 1821 - 1834.

[21] Chiappori, Pierre - Andre, and Bernard Salanie. 2000. "Testing for Asymmetric Information in Insurance Markets." *Journal of Political Economy* 108 (1): 56 - 78.

[22] Citro, Constance F., and Robert T. Michael eds. 1995. *Measuring Poverty: A New Approach.* Washington, DC: National Academy Press.

[23] Cramer, Anne Theisen, and Gail A. Jensen. 2008. "Why Do People Change Their Minds? Evidence from the Purchase of Long - Term

Care Insurance." In *Psychology of Decision Making in Economics, Business and Finance* 179 – 193. Hauppauge, NY: Nova Science Publishers.

[24] Cohen, Marc A., Eileen J. Tell., and Stanley S. Wallack. 1986. "The Lifetime Risks and Costs of Nursing Home Use Among the Elderly." *Medical Care* 41 (6): 785 – 792.

[25] Cohen, Joel W., and William D. Spector. 1996. "The Effect of Medicaid Reimbursement on Quality of Care in Nursing Homes." *Journal of Health Economics* 15 (1): 23 – 48.

[26] Congressional Research Services. 2022. "Who Pays for Long – Term Services and Supports?" Available at https://crsreports.congress.gov/product/pdf/IF/IF10343.

[27] Costa – Font, Joan, and Christophe Courbage. 2015. "Crowding Out of Long – Term Care Insurance: Evidence from European Expectations Data." *Health Economics* 24: 74 – 88.

[28] Courtemanche, Charles, and Daifeng He. 2009. "Tax Incentives and the Decision to Purchase Long – Term Care Insurance." *Journal of Public Economics* 93: 296 – 310.

[29] Davidoff, Thomas. 2008. "Illiquid Housing as Self – Insurance: The Case of Long – Term Care." SSRN Working Paper No. 1009738.

[30] Davidoff, Thomas. 2009. "Housing, Health, and Annuities." *Journal of Risk and Insurance* 76 (1): 31 – 52.

[31] Davidoff, Thomas. 2010. "Home Equity Commitment and Long – Term Care Insurance Demand." *Journal of Public Economics* 94 (1 – 2): 44 – 49.

[32] De Nardi, Mariacristina, Eric French, and John Bailey Jones. 2006. "Differential Mortality, Uncertain Medical Expenses, and the Saving of Elderly Singles." National Bureau of Economic Research Working Paper No. 12554.

[33] De Nardi, Mariacristina, Eric French, and John Bailey Jones. 2010. "Why Do the Elderly Save? The Role of Medical Expenses." *Journal of Political Economy* 118 (1): 37 –75.

[34] De Nardi, Mariacristina, Eric French, and John Bailey Jones. 2012. "Medicaid Insurance in Old Age." *American Economic Review* 106 (11): 3480 –3520.

[35] Dick, Andrew, Alan M. Garber, and Thomas E. MaCurdy. 1994. "Forecasting Nursing Home Utilization of Elderly Americans." in *Studies in the Economics of Aging* 365 –394. Chicago IL: University of Chicago Press.

[36] Donoghue, C. 2004. "Private Pay or Medicaid? Payment Type and the Quality of Nursing Home Care." Paper presented at the annual meeting of the American Sociological Association.

[37] Finkelstein, Amy, Erzo F. P. Luttmer, and Matthew Notowidigdo. 2013. "What Good Is Wealth Without Health? The Effect of Health on the Marginal Utility of Consumption." *Journal of the European Economic Association* 11: 221 –258.

[38] Finkelstein, Amy, and Kathleen McGarry. 2003. "Private Information and Its Effect on Market Equilibrium: New Evidence from Long – Term Care Insurance." National Bureau of Economic Research Working Paper No. 9957.

[39] Finkelstein, Amy, and Kathleen McGarry. 2006. "Multiple Dimensions of Private Information: Evidence from the Long – Term Care Insurance Market." *American Economic Review* 96 (4): 938 –958.

[40] Finkelstein, Amy, Kathleen McGarry, and Amir Sufi. 2005a. "Dynamic Inefficiencies in Insurance Markets: Evidence from Long – Term Care Insurance." National Bureau of Economic Research Working Paper No. 11039.

[41] Finkelstein, Amy, Kathleen McGarry, and Amir Sufi. 2005b. "Dynamic Inefficiencies in Insurance Markets: Evidence from Long - Term Care Insurance." *American Economic Review: Papers and Proceedings* 95: 224 - 228.

[42] Fong, Joelle H., Adam W. Shao, and Michael Sherris. 2015. "Multistate Actuarial Models of Functional Disability." *North American Actuarial Journal* 19 (1): 41 - 59.

[43] Friedberg, Leora, Wenliang Hou, Wei Sun, Anthony Webb, and Zhenyu Li. 2014. "New Evidence on the Risk of Requiring Long - Term Care" Center for Retirement Research at Boston College Working Paper 2014 - 12.

[44] Friedberg, Leora, Wenliang Hou, Wei Sun, and Anthony Webb. 2016. "Medicaid and Crowd - Out of Long - Term Care Insurance" Unpublished Manuscript.

[45] French, Eric, and John Bailey Jones. 2004. "On the Distribution and Dynamics of Health Care Costs." *Journal of Applied Econometrics* 19 (4): 705 - 721.

[46] Gan, Li, Feng Huang, and Adalbert Mayer. 2015. "A Simple Test of Private Information in the Insurance Markets with Heterogeneous Insurance Demand." *Economics Letters* 138: 197 - 200.

[47] Genworth. 2022. "Cost of Care Survey." Available at: https://www.genworth.com/aging - and - you/finances/cost - of - care.html. checked on Sep. 1, 2022.

[48] Goda, Gopi Shah. 2011. "Do Tax Subsidies for Private Insurance Reduce Medicaid Costs? Evidence from the Market for Long - Term Care Insurance." *Journal of Public Economics* 95 (7 - 8): 744 - 757.

[49] Grabowski, David C. 2001. "Medicaid Reimbursement and the Quality of Nursing Home Care." *Journal of Health Economics* 20 (4):

549 - 569.

[50] Grabowski, David C., Jonathan Gruber, and Joseph J. Angelelli. 2008. "Nursing Home Quality as a Common Good." *Review of Economics and Statistics* 90 (4): 754 - 764.

[51] Greenhalgh - Stanley, Nadia. 2012. "Medicaid and the Housing and Asset Decisions of the Elderly: Evidence from Estate Recovery Programs." *Journal of Urban Economics* 72 (2 - 3): 210 - 224.

[52] Gustman, Alan, and Thomas Steinmeier. 2005. "The Social Security Early Entitlement Age in a Structural Model of Retirement and Wealth." *Journal of Public Economics* 89 (2 - 3): 441 - 463.

[53] Hartman, Micah, Anne Martin, Patricia McDonnell, Aaron Catlin, and the National Health Expenditure Accounts Team. 2009. "National Health Spending in 2007: Slower Drug Spending Contributes to Lowest Rate of Overall Growth Since 1998." *Health Affairs* 28 (1): 246 - 261.

[54] Hendren, Nathaniel. 2013. "Private Information and Insurance Rejections." *Econometrica* 81 (5): 1713 - 1762.

[55] Hiedemann, Bridget, Michelle Sovinsky, and Steven Stern. 2018. "Will You Still Want Me Tomorrow? The Dynamics of Families' Long - Term Care Arrangements." *Journal of Human Resources* 53 (3): 663 - 716.

[56] Hing, E. 1987. "Use of Nursing Homes by the Elderly: Preliminary Data from the 1985 National Nursing Home Survey." *National Center for Health Statistics Advance Data* 135: 1 - 11.

[57] Hurd, Michael, Paco Martorell, Adeline Delavande, Kathleen J. Mullen, and Kenneth M. Langa. 2013. "Monetary costs of dementia in the United States." *New England Journal of Medicine* 368: 1326 - 1334.

[58] Hurd, Michael, Pierre - Carl Michaud, and Susann Rohwedder. 2014. "The Lifetime Risk of Nursing Home Use." In *Discoveries in the Economics of Aging* edited by David A. Wise, 81 - 109. Chicago IL: Univer-

sity of Chicago Press.

[59] Keeler, Emmett B., Robert L. Kane, and David H. Solomon. 1981. "Short – and Long – Term Residents of Nursing Homes." *Medical Care* 19 (3): 363 – 370.

[60] Kelly, Anne, Jessamyn Conell – Price, Kenneth Covinsky, Irena Stijacic Cenzer, Anna Chang, W. John Boscardin, and Alexaner K. Smith. 2010. "Length of Stay for Older Adults Residing in Nursing Homes at the End of Life." *Journal of the American Geriatrics Society* 58 (9): 1701 – 1706.

[61] Kemper, Peter, and Christopher M. Murtaugh. 1991. "Lifetime Use of Nursing Home Care." *New England Journal of Medicine* 324: 595 – 600.

[62] Ko, Ami. 2022. "An Equilibrium Analysis of the Long – Term Care Insurance Market." *Review of Economic Studies* 89 (4): 1993 – 2025.

[63] Konetzka, R. Tamara, and Ye Luo. 2011. "Explaining Lapse in Long – Term Care Insurance Markets." *Health Economics* 20: 1169 – 1183.

[64] Li, Yong, and Gail A. Jensen. 2012. "Why Do People Let Their Long – Term Care Insurance Lapse? Evidence from the Health and Retirement Study." *Applied Economic Perspectives and Policy* 34 (2): 220 – 237.

[65] Liang, Jersey, Xian Liu, Edward Tu, and Nancy Whitelaw. 1996. "Probabilities and Lifetime Durations of Short – Stay Hospital and Nursing Home Use in the United States, 1985." *Medical Care* 34 (10): 1018 – 1036.

[66] Lifeplans. 2017. "Who Buys Long – Term Care Insurance?" Available at https://ltcinsurancece.com/wp – content/uploads/2017/02/LifePlans – LTC – Insurance – 2016.pdf.

[67] Lin, Haizhen and Jeffrey Prince. 2013. "The Impact of the Partnership Long – Term Care Insurance Program on Private Coverage and Medi-

caid Expenditures." *Journal of Health Economics* 32 (6): 1205 – 1213.

[68] McNamara, Paul E., and Nayoung Lee. 2004. "Long – Term Care Insurance Policy Dropping in the U. S. from 1996 – 2000: Evidence and Implications for Long – Term Care Financing." *Geneva Papers on Risk and Insurance* 29 (4): 640 – 651.

[69] Manton, Kenneth G., and Xiliang Gu. 2001. "Changes in the Prevalence of Chronic Disability in the United States Black and Non – Black Population Above 65 from 1982 to 1999." *Proceedings of the National Academy of Sciences* 98: 6354 – 6359.

[70] Manton, Kenneth G., Xiliang Gu, and Vicki L. Lamb. 2006. "Change in Chronic Disability from 1982 to 2004/2005 as Measured by Long – Term Changes in Function and Health in the U. S. Elderly Population." *Proceedings of the National Academy of Sciences* 103 (48): 18374 – 18379.

[71] Martin, Anne B., Micah Hartman, Joseph Benson, Aaron Catlin, and The National Health Expenditure Accounts Team. 2023. "National Health Care Spending In 2021: Decline In Federal Spending Outweighs Greater Use Of Health Care." Health Affairs 42 (1): 6 – 17.

[72] MetLife Mature Market Institute. 2002. "MetLife Market Survey of Nursing Home and Home Care Costs."

[73] MetLife Mature Market Institute. 2008. "MetLife Market Survey of Nursing Home and Home Care Costs."

[74] MetLife Mature Market Institute. 2011. "Market Survey of Long – Term Care Costs: The 2011 MetLife Market Survey of Nursing Home, Assisted Living, Adult Day Services, and Home Care Costs." Available at: https://www.aarp.org/content/dam/aarp/livable – communities/old – learn/health/the – metlife – market – survey – of – nursing – home – assisted – living – adult – day – services – and – home – care – costs – 2011 – aarp.pdf.

[75] Mitchell, Olivia S., James Poterba, Mark J. Warshawsky and

Jeffrey R. Brown. 1999. "New Evidence on the Money's Worth of Individual Annuities." *American Economic Review* 89 (5): 1299 – 1318.

[76] National Conference of State Legislatures. 2013. "A Guide to Long – Term Care for State Policy Makers: The Long – Term Care Partnership Program." Available at: http: //www. ncsl. org/issues – research/health/archive – the – long – term – care – partnership – program. aspx.

[77] Newhouse, Joseph. 2002. *Pricing the Priceless: A Health Care Conundrum.* Cambridge MA: MIT Press.

[78] Nyman, John A. 1988. "Excess Demand, the Percentage of Medicaid Patients, and the Quality of Nursing Home Care." *Journal of Human Resources* 23 (1): 76 – 92.

[79] Paschenko, Svetlana. 2013. "Accounting for Non – Annuitization." *Journal of Public Economics* 98 (2): 53 – 67.

[80] Pauly, Mark V. 1990. "The Rational Non – purchase of Long – term Care Insurance." *Journal of Political Economy* 98 (1): 153 – 168.

[81] Pezzin, Liliana, and Barbara Schone. 1999. "Intergenerational Household Formation, Female Labor Supply and Informal Caregiving: A Bargaining Approach." *Journal of Human Resources* 34 (3): 475 – 503.

[82] Reichling, Felix and Kent Smetters. 2015. "Optimal Annuitization with Stochastic Mortality and Correlated Medical Costs." *American Economic Review* 105 (11): 3273 – 3320.

[83] Robinson, James. 1996. "A Long – Term Care Status Transition Model." Paper presented at the 1996 Bowles Symposium on the Old – Age Crisis: Actuarial Opportunities, Georgia State University.

[84] Robinson, James. 2002. "A Long – Term Care Status Transition Model." University of Wisconsin Working paper.

[85] Rothstein, Joanie. 2007. "Long – Term Care Partnership Expansion: A New Opportunity for States." Robert Wood Johnson Foundation

Issue Brief.

[86] Rubin, Donald. 1987. *Multiple Imputation for Nonresponse in Surveys*. John Wiley & Sons.

[87] Scanlon. William J. 1980. "Nursing Home Utilization Patterns: Implications for Policy." *Journal of Health Politics, Policy and Law* 4: 619 – 641.

[88] Sekscenski, Edward. 1987. "Discharges from Nursing Homes: Preliminary Data from the 1985 National Nursing Home Survey." *National Center for Health Statistics Advance Data* 142: 1 – 15.

[89] Society of Actuaries. 2011. "1984 – 2007 Long – Term Care Intercompany Report & Tables." Available at: https://www.soa.org/experience – studies/2011/research – ltc – study – 1984 – report.

[90] Society of Actuaries. 2015. "Long Term Care Intercompany Experience Study – Policy Terminations Aggregate Databases 2000 – 2011 Report." Available at: https://www.soa.org/experience – studies/2015/2000 – 2011 – ltc – exp – study – terminations.

[91] Spector, William D., and Hitomi Adrianna Takada. 1991. "Characteristics of Nursing Homes that Affect Resident Outcomes." *Journal of Aging and Health* 3: 427 – 454.

[92] Spillman, Brenda C. and James Lubitz. 2002. "New Estimates of Lifetime Nursing Home Use: Have Patterns of Use Changed?" *Medical Care* 40 (10): 965 – 975.

[93] Sun, Wei. 2010. "A Dynamic Analysis of Long – Term Care Insurance Decisions." Unpublished Manuscript.

[94] Sun, Wei and Anthony Webb. 2013. "Can Long – Term Care Insurance Partnership Programs Increase Coverage and Reduce Medicaid Costs?" Center for Retirement Research at Boston College Working Paper 2013 – 8.

[95] U. S. Department of Health and Human Services. 2015. "Receiving Long – Term Care Insurance Benefits." Available at: https: //acl. gov/ltc/costs – and – who – pays/what – is – long – term – care – insurance/receiving – long – term – care – insurance – benefits.

[96] U. S. Department of Health and Human Services. 2015. "Long – Term Care Services in the United States: 2013 Overview." Available at: https: //www. cdc. gov/nchs/data/nsltcp/long_term_care_services_2013. pdf.

[97] U. S. Government Accountability Office. 2005. "Overview of the Long – Term Care Partnership Program." Available at: http: //www. gao. gov/new. items/d051021r. pdf.

[98] Venti, Steven F. 2011. "Economic Measurement in the Health and Retirement Study." *Forum for Health Economics and Policy* 14 (2).

[99] Venti, Steven F., and David A. Wise. 2004. "Aging and housing equity: Another look." In *Perspectives on the Economics of Aging*: 127 – 180. University of Chicago Press.

[100] Wood, Erica F., and Ellen M. Klein. 2007. "Protections in Medicaid Estate Recovery: Findings, Promising Practices, and Model Notices." Available at: https: //assets. aarp. org/rgcenter/il/2007_07_medicaid. pdf.